中等职业教育课程改革创新教材
中等职业教育公共素质课系列教材

中职生创新创业实践教程

主　编　戴健斌　郑建芳　底利娟
副主编　傅肖梅　叶　晋　刘卫东

同济大学出版社 · 上海

内容提要

本书分理论篇与应用篇。理论篇重点阐述中职生创新创业课程应了解和掌握的基础知识，包含创意与创新，创新精神，创新思维、方法与能力，创业与创业精神四章内容。应用篇重点阐述中职生创新创业的实践指导，包含创业者与创业团队，创业资源，商业模式与路演，创建新企业，新企业的经营与管理五章内容。

本书既可作为中等职业学校公共基础课的教材，也可供相关从业人员使用。

图书在版编目（CIP）数据

中职生创新创业实践教程 / 戴健斌, 郑建芳, 底利娟主编. -- 上海 : 同济大学出版社, 2021.8（2024.1重印）

ISBN 978-7-5608-9888-9

Ⅰ.①中… Ⅱ.①戴… ②郑… ③底… Ⅲ.①创业—中等专业学校—教材 Ⅳ.①G717.38

中国版本图书馆CIP数据核字（2021）第177043号

中职生创新创业实践教程

戴健斌　郑建芳　底利娟　**主编**

责任编辑　张德胜　　**责任校对**　王有文　　**封面设计**　张瑞阳

出版发行　同济大学出版社　　www.tongjipress.com.cn

（地址：上海市四平路 1239 号　邮编：200092　电话：021-65985622）

经　　销　全国各地新华书店

印　　刷　三河市龙大印装有限公司

开　　本　787 mm × 1 092 mm　1/16

印　　张　11.5

字　　数　240 千字

版　　次　2021 年 8 月第 1 版

印　　次　2024 年 1 月第 3 次印刷

书　　号　ISBN 978-7-5608-9888-9

定　　价　33.80 元

PREFACE
前言

2018 年 4 月，教育部印发《中等职业学校职业指导工作规定》(以下简称《规定》)。《规定》指出，课程教学是职业指导的主渠道。中等职业学校应根据学生认知规律和身心特点，在开设应有的职业生涯规划课程的基础上，采用必修与选修相结合的方式开设就业指导、创新创业等课程；持续改进教学方式方法，注重采用案例教学、情境模拟、行动教学等方式，以增强教学效果。

其实，在“大众创业，万众创新”的大环境下，创新创业教育在我国中等职业教育领域的发展相对滞后。从目前来看，虽然中等职业学校的创新创业教育取得了一定的成绩，但仍存在一些问题，如创新创业教育资金不足，场地短缺，配套设施不够完备，创新创业师资力量不足等。为了进一步引导中职生转变观念，学习创新创业的基本技能，帮助中职生树立创新创业的信心，我们组织一批优秀的一线教师编写了本书。

本书立足我国中等职业学校的实际情况，针对中职生学习成长的特点，突出创新创业的教育特色，注重学生创新思维和创业品质的培养，突出理论知识与实践应用的结合，旨在帮助中职生学习创新创业基础知识，提高中职生的综合素质与创新创业技能。

本书分理论篇与应用篇。理论篇重点阐述中职生创新创业课程应了解和掌握的基础知识，包含创意与创新，创新精神，创新思维、方法与能力，创业与创业精神，共四章。应用篇重点阐述中职生创新创业的实践指导，包含创业者与创业团队，创业资源，商业模式与路演，创建新企业，新企业的管理与经营，共五章。

本书栏目丰富，互动性强。“能力目标”介绍章节重点、难点；“问题思考”以典型问题激发学生思考；“经典案例”以代表性的案例启发学生思考，提升学生学习兴趣；“小思考”“小互动”旨在活跃课堂气氛，激发学生的探索精神；“拓展阅读”延伸相关知识点，力求拓宽学生的知识面；“实践训练”旨在增强学生的应用能力和团结协作能力，并在实践中切实把握创新创业的实质，增强创新创业的能力。

本书由戴健斌、郑建芳、底利娟任主编。傅肖梅、叶晋、刘卫东任副主编，参与本书编写的还有梁俊、冼志婕。

由于编者水平有限，书中难免会有疏漏之处，恳请广大读者批评指正。

编　者

CONTENTS

目录

理论篇 基础知识

应用篇 实践指导

理论篇

基础认知

第一章 创意与创新

能力目标

（1）认识创意，理解创意的含义。

（2）掌握创意的特征、来源与障碍。

（3）认识创新，理解创新的含义。

（4）掌握创新的类型、特征与过程。

（5）树立创新意识，养成多角度思考问题的习惯。

问题思考

喜欢天马行空的创新小达人

丁某入选 2016 年度全国“最美中职生”。在学校里，他被誉为“创新小达人”。他踏实勤奋，刻苦钻研专业技能，平时也总喜欢提出一些天马行空的设想。一次，丁某发现车载空气净化器的净化效果并不理想，通过上网查询相关资料，他总结出原来是加热的方法不够完善。那么，该用什么方式来取代传统的加热方式呢？丁某陷入了深思，浮现出许多想法，说干就干，一次又一次的尝试与摸索开始了。

一天，他在一次电路测试中被电阻烫了手，这是由于电流过大而引起电阻过热而烫伤的。他突然意识到，自己是不是可以利用这一点对车载净化器进行改造呢？他根据所学的专业知识制作出了“实物”，并且申请了专利。其原理是通过控制流过普通电阻的电流，使时机发生器产生脉冲宽度调制（PWM）信号，进行恒温微燃烧，对纳米积液进行最佳雾化。这个专利发明可以使能耗最低、效果最优。

作为班级团支部书记，丁某不仅善于发现细节，也勇于打破常规，敢于大胆实践。有一次，他发现自家小区垃圾桶内的垃圾并未被分类，有许多电子垃圾被丢在厨余垃圾桶内。同时他还发现，由于垃圾桶分布不均匀，垃圾不能被及时倾倒。于是，丁某开始思考能否让垃圾桶自主进行分类杀菌，并让它能向互联网传输数据。那段时间里，他正好加入学校的校企合作工作室，于是他将自己的想法告知了工作室的同学，大家各抒己见、出谋划策。丁某用单片机作为垃圾桶的“大脑”，这样垃圾桶就能自主分类，再将数据发送给后台。人们通过链接垃圾桶内外的数据就可以了解桶内情况，从而及时处理。此外，丁某还希望对垃圾桶进行更加合理的布局，并及时对桶内垃圾进行杀菌，然后将数据反馈给相关部门。最终，他和其他几个同学一起完成这个研究，并申请了专利，荣获 2016 年全国“挑战杯”比赛二等奖。

其实，创新并不难，难的是缺少一双善于发现的眼睛和坚持不懈的实践。

资料来源：http://newsxmwb.xinmin.cn/kejiao/2017/04/05/30938987.html（有改动）。

想一想 什么是创新？你的生活中有哪些改变是由创新带来的？

第一节 创意知识概述

创意是创新活动的起点和前提，离开了创意，一切创新活动将无从谈起。实际上，人类从诞生开始，创意就开始左右着人类的发展，那个时候没有创意的概念，人类每一次的发明、创造都是在一定的环境、压力、生存需要下产生的。

一、创意的含义

从目前的研究来看，学界和业界对创意的认识与定义，因角度不同存在一定的差异，都不够准确。从理论上讲，创意是指人们对创新与创新的价值性、重要性的一种认识水平、认识程度及由此形成的对待创新的态度，并以这种态度来规范和调整自己活动方向的一种稳定的精神态势。创意总是代表一定社会主体奋斗的明确目标和价值指向，成为一定主体产生稳定、持久的创新需要、价值追求和思维定式及理性自觉的推动力量，成为唤醒、激励和发挥社会主体所蕴含的潜在本质力量的重要精神力量。创意是人类意识活动的一种积极的、富有成果性的表现形式，是人们进行创造活动的出发点和内在动力，是创造性思维和创造力的前提。

经典案例

绷带变管道

有一支探险队，历尽千辛万苦来到南极。在队长的指挥下，大家齐心协力地把一根根铁管连接起来，准备铺设一条输油管道，然后把船上的汽油输送到基地。就在管道要接通时，大家突然发现铁管不够长。队员们开始四处寻找可以替代的管子，可他们翻遍了基地的每一个角落都没找到。看着尚未接完的管道，大家都不知所措。有个队员突然灵机一动："我们用冰来制作管道吧！"说完，他从基地仓库中翻出许多医用绷带，把这些绷带缠绕在一根铁管上，用水淋湿，他把绷带轻轻从铁管上取下，然后继续浇水，继续冷冻，一根冰管就做好了。队员们一起动手，最终成功解决了这一难题。很多时候，因地制宜会让很多事物产生意想不到的用途。

资料来源：https://www.sohu.com/a/116482717_437198（有改动）。

二、创意的分类

（一）文化创意

文化创意是人们以知识为元素、融合多元文化、整理相关学科、利用不同载体而构建的再造与创新的文化现象，也是人们为了满足精神需求，以文化产品、文化服务、文化活动的创新为指向的创意行为。文化创意的核心在于人的创造力，这种创造应该是独特的、原创的、有意义的，例如，京剧、昆曲、武术就属于中国原创。

（二）审美创意

审美创意是指根据人们的审美价值观，经过反复的、精心的思考与策划，恰当地运用特有的艺术手段，创造出一个新颖独特的构思、意念和意境的过程。在当代，随着新技术手段的不断涌现，审美创意的传播手段也更加多元，呈现出简略化、互动性、视听化等特征。

（三）产业创意

产业创意，即创意的产业化，是指将创意与生产要素、市场结合起来，以产品或者服务的方式提供给消费者，使之完成消费体验，形成完整系统的价值链，并催生出创造财富、增加就业机会的崭新产业。

创意的产业化是一个复杂、系统的工程，也是一项战略性任务，是一个国家经济的重要组成资源。随着知识经济、信息时代的到来，产业创意已经成为世界经济振兴与发展的重要方向。从产业发展角度来看，城市发展创意产业需要在创意、技术、产品、市场有机结合的基础上构建起完善的产业系统，形成包括核心产业、支持产业、配套产业和衍生产业的产业群，从而带动一批产业的兴起。这个过程需要政府部门和社会各界大力配合，从加强版权保护，大力培养创意人才，到完善创意产业投融资担保机制，从积极兴办各种创意产业园区，到各项鼓励政策，推动文化出口等各方面均须做出努力。

三、创意的特征

（一）新颖性

在产品同质化严重的今天，市场竞争愈演愈烈，这也给技术实力、企业资源都相对有限的中小企业带来了巨大压力，只有同中求异，寻求创意，实现产品差异化，才能争取企业的成功。创意可以是为了满足新的社会需求，也可以是用新的方式更好地满足眼下的社会需求。

（二）社会历史性

创意是以提高人们的物质生活和精神生活水平需要为出发点的，而这种需要在很大程度上受具体的社会历史条件制约；在阶级社会里，创意受阶级性和道德观的制约。人们的创意激起的创造活动和产生的创造成果，应为人类进步和社会发展服务。创意必须考虑社会效果。

（三）个体差异性

人们的创意与其社会地位、文化素质、兴趣爱好、情感志趣等相呼应，它们对创新起着重大推进作用。每个人在这些方面的表现都会有所不同，因此，对于创意，既要考察其社会背景，又要考察其文化素养和志趣动机。

小思考

你在生活中见到过哪些富有创意的产品？这些产品的哪些新颖性吸引了你？

四、创意的来源与障碍

当今社会，创意已经渗透到社会的各个层面，具有相当的深度、广度。

（一）创意的来源

受生活环境、教育环境、工作环境等因素的影响，每个人的创意能力或多或少会有些差别。创意不会凭空而来，它是在对生活进行长期观察和思考的基础上产生的。创意的本质是为了解决问题，好的创意就是解决问题的“金点子”。其来源就是生活中大家熟悉的生活素材，是生活中本身就存在的。从事创意工作的人一般都具有渊博的知识、创造性的思维和观察思考的习惯。

拓展阅读

激发创意的六种方法

（1）多做思考。如果你没有任何创意，可能是因为你还没有足够多的想法。

（2）走出家门，去外面探索一下。可以见见新人，读读书，关注一下你一点儿也不了解的东西，尝试一下新的爱好，聆听一下你平时从未听过的音乐等。

（3）让思维保持活跃，切莫先评判。只需要稍后再去筛选诸多想法中哪些最有用。

（4）调整心态，寓创意于己身，允许自己成为富有创意的人。

（5）坚持观察与思考，慢慢积累。

（6）劳逸结合，张弛有度。定期安排时间陪家人或朋友出去走走，放松一下。

资料来源：http://www.360doc.com/content/10/1117/23/25127_70286681.shtml（有改动）。

（二）创意的障碍

创意是对原有思维方式的超越，是根据解决问题的需要，在头脑中对原有的知识、经验、观念、方法等进行新的组合。因此，创意必然要突破原有的知识、经验、观念、方法的限制，而原有的知识、经验、观念、方法，以及其互相之间的组合方式或结合模式就会本能地阻挠这种突破，成为思维创新的障碍。

小思考

在日常生活中，你的行为中有哪些受到了思维定式的影响？仔细观察一下自己使用的日常用品，有没有需要改进的地方？你觉得应该如何改进呢？

1. 陈旧观念和固定观念

观念是内化于人脑潜意识中的观点和认识。人们在思维过程中，反复运用某种观点认识、思考、评价问题，久而久之，这些观点和认识被积淀到大脑深层意识之中而达到了“无意识”状态，这就形成了观念。观念作为思维方式的主要构成因素，对人的认识活动起着巨大的制约作用。在人脑的思维加工过程中，主体对材料的选择，对问题的评价、解释，在很大程度上取决于观念。

历史上，每种观念的产生都是以当时的实践水平和历史文化发展为基础的，因而有它产生的根据和存在的合理性。当实践向前发展了，时代向前迈进了，深藏于人们头脑中的观念却不愿随实践和时代的改变而改变，从而成为一种阻碍。这时，原本适时的观念就变成了过时的观念，这种观念一般被称为陈旧观念。

受陈旧观念的影响，人们往往会因循守旧、墨守成规，用老眼光、老套路、老办法去面对新问题。陈旧观念使人的思维受原有思维空间的限制，跳不出原有的框框，因而也就无法实现对原有认识和现存世界的超越。因此，陈旧观念是阻碍思维创新的重要因素，是思维创新的大敌。

除了陈旧观念之外，还有一种固定观念，是指人们在特定的实践领域和学科领域内形成的观念。在该实践领域、该学科领域内，某种观念是适用的，但是超出这个范围，它们就可能不适用了。由于观念在思维中的惯性作用，人们总是习惯于用现有的观念去认识、评价所面对的新问题，而不管这个新问题是否超出了现有实践和经验的范围，于是就产生了固定观念。固定观念与陈旧观念的区别在于，陈旧观念是侧重于从时间角度、从历史性方面加以界定的，而固定观念则是侧重于从空间角度、共时性方面加以说明的。与陈旧观念一样，固定观念也是思维创新的大敌。因为在经验范围内解决常规性问题，是不需要思维有什么创新的。一旦思维超出原有的实践和学科的领域而进入一个新领域，那么适用于原领域的固定观念就会排斥新思想、扼杀新观念。

小互动

他们是什么关系?

某公安局局长在路边同一名老人谈话，这时跑过来一个小孩，急促地对公安局局长说：“你爸爸和我爸爸吵起来了！”

老人问：“这孩子是你什么人？”公安局局长说：“是我儿子。”

请问： 这两个吵架的人和公安局局长是什么关系？在日常生活中，你会受到这些陈旧观念或固有观念的影响吗？

2. 思维定式

思维定式是指心理活动的一种准备状态，它影响人们思考和解决问题的倾向性。当人们思考问题时，或多或少会在头脑中留下一种思维惯性，这种思维惯性使人们在新问题面前仍然习惯性地依据原有的思路进行思考。

思维定式与前述的陈旧观念或固有观念不同。虽然观念也会形成定式，但这里所说的定式是指来自以往思维过程中形成的习惯。观念是对认识内容的积淀，而定式则是对认识形式、方法的积淀。思维定式本质上就是思维习惯。

思维定式对于解决经验范围以内的常规性问题是有用的，它可以使我们的大脑简捷、快速地对问题做出反应。但对于创造性地解决问题，思维定式则可能成为一种障碍。它使人们局限于某种固定的反应倾向，跳不出框框，打不开思路，从而限制了人们的创新思考。

小互动

画家画画

一个富翁请画家给他画一幅富贵竹。画家画完后，富翁见富贵竹画在纸边上，只剩半枝，不见另外半枝，于是不满地说：“这枝富贵竹不全，那不就是‘富贵不全’吗？我怎么能把这‘富贵不全’挂在家里呢？”画家听了便做了一个解释，结果不必改动一笔一画，就使富翁转怒为喜，高高兴兴地接受了这幅画。

请问： 你能想出画家的解释吗？

第二节 创新知识概述

创新是一种利用已存在的自然资源或社会要素创造新的矛盾共同体的人类行为，是对旧有的一切所进行的覆盖、替代。

一、创新的含义

我国古代就出现了“创新”一词，只是那时候的“创新”主要是指制度方面的改革、变革、革新和改造，并不包括科学技术的创新。现代社会所说的创新范畴与美籍奥地利经济学家约瑟夫·熊彼特最早提出的创新理论有关。他认为企业家的职能就是创新，引入新的生产要素组合。这种创新通常包括五种情况：创造一种新的产品，采用一种新的生产方法，开辟一个新的市场，取得一种新的供给来源，实现一种新的产业组织方式。

创新是推动一个国家和民族向前发展的重要力量，更是推动整个人类社会向前发展的重要力量，也是人们为了满足自身的需要不断拓展对客观世界及自身的认知与行为，从而产生有价值的新思想、新举措、新事物的实践活动。

创新往往需要突破常规和原有的思维定式，是一种新的变革，能够产生新的发明，带来新的改变。在创业中，创新可以是产品结构、性能、外部特征等方面的变革，也可以是造型设计、表现形式等方面的创造，还可以是业务内容方面的完善。

因此，从广义角度讲，创新是指从创意到生产实践新成果的完整过程，即从产生新的意识、新的观念、新的构想、新的知识、新的解释、新的理论、新的思想、新的决策、新的方法、新的设计开始，到这些新的理念和新的思维在实践中得以运用，产生新的实践成果的全过程。

拓展阅读

创造与创新的差异

（1）创造强调过程，创新强调结果。

（2）在程度上，创造强调“首创”“第一”“无中生有”“破旧立新”，主要是指自身的新颖性，不一定有比较对象。创新是建立在已经创造出来的既有概念、想法、做法等基础上，其着眼点在于“由旧到新”，强调与原有事物相比较。因此，在某种程度上，可以将创新看作创造的目的和结果。

（3）在思维过程中，创造应是独到的，始终站在新异的尖端；创新则是在已经创造出的既有概念、想法和做法基础上，将别人的原始想法组织起来，应用到自己的思维活动中。

（4）在范畴上，创造一般指的是知识、概念、理论、艺术等方面，创新一般指技术、方法、产品等方面。

（5）在目的上，创造注重的是科学性和探索性，创新更注重经济性和社会性。

资料来源：http://www.doc88.com/p-2025059921102.html（有改动）。

二、创新的类型

（一）根据创新的性质划分

（1）原始创新。指前所未有的重大科学发现、技术发明、原理性主导技术等创新成果。原始创新意味着在研究开发方面，特别是在基础研究和高新技术研究领域的独有发现或发明。原始创新是最根本、最能体现智慧的创新，是一个民族对人类文明进步做出贡献的重要体现。

（2）集成创新。指利用各种信息技术、管理技术与工具等，对各个创新要素和创新内容进行选择、集成和优化，形成优势互补的有机整体的动态创新过程。集成创新强调灵活性，重视质量和产品多样化。

现代企业集成创新以提高企业持续的整体竞争力为目标，创新过程与创新资源创造性地集成与协同。虽然集成创新的概念还没有一个非常准确的定义，但无论何种表述都一致认为，集成创新的主体是企业，集成创新的目的是有效集成各种要素，在主动寻求最佳匹配要素的优化组合中产生“1+1>2”的集成效应。

小互动

活跃思维

（1）一只蜗牛从井底爬向井口，但是它白天要睡觉，只有晚上才能出来活动。蜗牛一个晚上可以向上爬 3 米，但白天睡觉的时候会往下滑 2 米，井深 10 米，蜗牛几天可以爬出来呢？

（2）请用 6 条直线一笔将图 1-1 中的 16 个圆点连接起来。

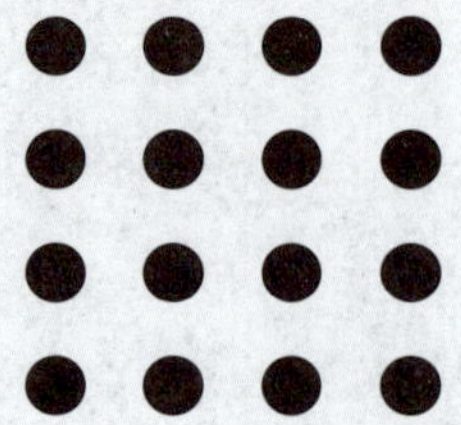

图 1–1 活跃思维题

（3）引进、消化吸收再创新。引进、消化吸收再创新是最常见、最基本的创新形式。其核心概念是利用各种引进的技术资源，在消化吸收的基础上完成重大创新。它与集成创新的相同点在于，都是以已经存在的单项技术为基础；不同点在于，集成创新的结果是一个全新产品，而引进、消化吸收再创新的结果是对产品价值链某个或者某些重要环节的重大创新。引进、消化吸收再创新是各国，尤其是发展中国家普遍采用的方式，这也是我国发展最薄弱的环节之一。

小思考

历史上和当今社会都不乏创新的案例。如果仔细观察与思考，你会发现生活中到处都有创新。例如，彩色电视机就是一种创新。你能列举出至少 5 个创新的例子吗？

（二）根据创新的内容划分

（1）理论创新。指人们在社会实践活动中对出现的新情况、新问题做新的理性分析和理性解答，是对认识对象或实践对象的本质、规律和发展变化的趋势做新的揭示和预见，也是对人类历史经验和现实经验做新的理性升华。简单地说，理论创新就是对原有理论体系或框架的新突破，是对原有理论和方法的新修正、新发展以及对理论禁区与未知领域的新探索。

（2）制度创新。指人们在现有的生产和生活环境条件下，通过创设新的、更能有效激励人们行为的制度、规范体系来实现社会的持续发展和变革的创新。所有创新活动都有赖于制度创新的积淀和持续激励，通过制度创新得以固化，并以制度化的方式持续发挥自己的作用，这是制度创新的积极意义所在。

制度创新的核心内容是社会政治、经济和管理等制度的革新，是支配人们行为和相互关系规则的变更，是组织与其外部环境相互关系的变更，其直接结果是激发人们的创造性和积极性，促使人们不断创造新的知识和对社会资源进行合理配置，促使社会财富源源不断地涌现，最终推动社会的进步。

（3）科技创新。指创造与应用新知识、新技术和新工艺，采用新的生产方式和经营管理模式，开发生产新产品，提高产品质量，提供新服务的过程。科技创新包括三类：知识创新、技术创新及现代科技引领的管理创新。从微观上讲，科技创新有助于企业占领市场并实现市场价值，从而提升企业核心竞争力乃至区域竞争力；从宏观上讲，科技创新能推动技术创新发展，促进整个社会生产力的提高，同时减少环境污染，满足社会需求，解决社会问题。

经典案例

一孔值万金

20 世纪 40 年代，方块糖是用具有防湿性的纸张包装的。但密封纸张不管有多厚、有多少层，经过一段时间后，方块糖仍会因受到空气的侵袭而渐渐变潮，甚至变黄。各家制糖公司动员了不少专家，耗费了不少资金，但是仍找不到有效的防潮方法。

科鲁索是一家制糖公司的普通职员，他每天都接触方块糖，对方块糖的性能很熟悉。工作之余，他就琢磨着怎样才能找到一个有效的防潮方法。他尝试了很多方法，但都没有效果。有一天，他异想天开地用反向思维尝试，他在方块糖的包装纸上开了一个小孔，空气的对流使方块糖受潮问题一下迎刃而解，解决了很多专家都头疼的问题。他将自己的发明专利出售给制糖公司，得到了 100 万美元的回报。

（4）文化创新。文化无论是在交流的过程中传播，还是在继承的基础上发展，都包含着文化创新的意义。文化发展的实质，就在于文化创新。文化创新，是社会实践发展的必然要求，是文化自身发展的内在动力。

文化创新可以推动社会实践的发展。文化源于社会实践，又引导、制约着社会实践的发展；推动社会实践的发展，促进人的全面发展，是文化创新的根本目的，也是检验文化创新的标准所在。

三、创新的特征

（一）目的性

任何创新活动都有一定的目的，这个特性贯穿创新过程的始终。创新总是围绕解决某一问题而进行的，总是与完成某一任务相联系的。创新的最终目的就是不断满足人类自身生存发展的需要。

（二）变革性

创新是对已有事物的改革和革新，是一种深刻的变革；故步自封、安于现状、不想变革，就不会有创新。

（三）新颖性

创新是对现有的不合理事物的抛弃，是革除过时的内容、确立新事物。在确立新事物的过程中所引入的新概念、新工艺或新产品等，与过去相比都具有新颖性。只有为原有的事物注入新的因素才能使其得以更新、发展和突破。

（四）价值性

创新的成果必须具有明显的、具体的价值，必须能够满足人们的某种需要，能够对促进经济社会的发展产生一定的效益；否则，创新就失去了意义。

（五）发展性

创新是一个不断发展的过程，是创造新知识、应用新知识并不断发展知识的过程。对知识创造、应用、再创造、再应用的这种循环往复是人类创新永无止境、无限发展的客观规律。在知识经济时代，创造知识和应用知识的能力与效率将成为影响一个国家综合国力和国际竞争力的重要因素。

经典案例

谁刻的老鼠最逼真

某国有两个非常杰出的木匠，他们的技艺难分高下。国王突发奇想，要他们三天内雕刻出一只老鼠，谁的更逼真，就重奖谁，并宣布他是技术最好的木匠。三天后，两个木匠带着雕刻好的老鼠来觐见国王，国王请大臣们一起来评判。

第一个木匠刻的老鼠栩栩如生，连老鼠的胡须都会动。再看第二个木匠刻的老鼠，那是一只雕刻得十分粗糙的老鼠，神态远远不如第一个木匠雕刻的老鼠。大臣们一致认为第一个木匠是最好的。

这时，第二个木匠说："猫对老鼠最有感觉，我们雕刻的是否像老鼠，应该由猫来决定。"国王听后觉得十分有道理，就命人带来几只猫。只见这几只猫见了第二个木匠雕刻的老鼠立即就扑过去，又是啃又是咬，对那只栩栩如生的老鼠却视而不见。

事实胜于雄辩，国王宣布第二个木匠获胜。国王问第二个木匠："你是如何让猫相信你雕刻的老鼠是真的呢？"木匠回答说："我只不过是使用了混有鱼骨头的材料来雕刻老鼠罢了，猫在乎的是腥味。"

四、创新的过程

英国心理学家沃勒斯提出的著名创新"四阶段理论"，是一种影响最大、传播最广而且具有较强实用性的过程理论。沃勒斯将创新的发展分为准备期、酝酿期、明朗期和验证期四个阶段（图 1–2）。

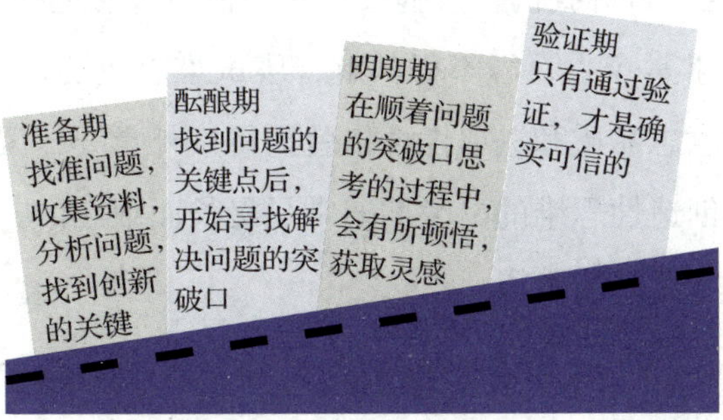

图 1–2　四阶段理论

（一）准备期

准备期是发现和提出问题阶段。一切创新都是从发现问题、提出问题开始的，问题的本质是现有状况与理想状况的差距。爱因斯坦认为："提出一个问题往往比解决问题更重要，因为解决问题也许仅是一个数学上或实验上的技能而已，而提出新的问题，却需要有创新性的想象力，而且标志着科学的真正进步。"对问题的感受性是人重要的资质。准备可分为三步：对知识与经验进行积累和整理；收集必要的事实和资料；了解自己提出问题的社会价值，能满足社会的何种需要及价值前景。

（二）酝酿期

酝酿期也称沉思和多方思维发散阶段。在酝酿期要对收集的资料、信息进行加工处理，探索解决问题的关键，因此常常需要耗费很长时间，花费巨大精力，所以酝酿期是大脑高强度活动时期。这一时期，要从各个方面，尝试运用各种思维方法，让各种设想在头脑中反复组合、交叉、撞击、渗透，按照新的方式进行加工；加工时应主动使用创造方法，不断选择，力求形成新的创意。著名科学家彭加勒认为："任何科学的创造都发端于选择。”这里的选择，就是充分地思索，让各方面的问题都充分地暴露出来，从而把思维过程中那些不必要的部分舍弃。创新思维的酝酿期，特别强调有意识地选择，富有创造性的人就注意选择，因此，彭加勒还说：“所谓发明，实际上就是鉴别，简单说来，也就是选择。”

为使酝酿过程更加深刻和广泛，还应注意把思考的范围从熟悉的领域扩大到表面上看起来没有什么联系的其他领域，特别是常被自己忽视的领域。这样，既有利于冲破传统思维方式和“权威”的束缚，打破成见，独辟蹊径，又有利于获得多方面的信息，利用多学科知识“交叉”优势，在一个更高层次上把握创新活动的全局，寻找创新的突破口。

有时也可以把思考的问题暂时搁置一下，让习惯性思维被有意识地切断，以便产生新思维。灵感思维的诱发规律告诉我们，大脑长时间兴奋后有意地松弛，有利于灵感的闪现。酝酿期的思维强度大，常常令人百思不得其解，屡试难以成功，“山重水复疑无路”却又欲罢不能。此时良好的意志品质和进取性性格就显得格外重要，因为这是酝酿期取得进展直至突破的心理保证。创造性思维的酝酿期通常是漫长而艰巨的，很有可能失败。但唯有坚持下去，找对方法，才会充满希望。

（三）明朗期

明朗期即顿悟期或突破期，此时寻找到了解决办法。明朗期很短促、很突然，呈猛烈爆发状态。久盼的创造性突破在瞬间实现，人们通常所说的“脱颖而出”“豁然开朗”“众里寻他千百度，蓦然回首，那人却在灯火阑珊处”等描述的正是这种状态。如果说“踏破铁鞋无觅处”描绘的是酝酿期的话，那么“得来全不费工夫”则是明朗期的形象刻画。在明朗期，灵感思维往往起决定作用。

（四）验证期

验证期是评价阶段，是完善和充分论证阶段。突然获得突破，飞跃出现在瞬间，结果难免稚嫩、粗糙，甚至存在若干缺陷。验证期是把明朗期获得的结果加以整理、完善和论证，得到进一步充实。创新思维所取得的突破，假如不经过这个阶段，就不可能真正取得创新成果。论证一是理论验证，二是实践检验。验证期的心理状态较平静，但须耐心、周密、慎重，不急于求成和不急功近利是很关键的。

小互动

一枚中间有方孔的圆形铜钱上有一些对称的标志符号（图 1-3）。现需要将它切割成大小、形状相同的 4 块，使每块都恰好带有 1 个小圆圈和 1 个三角形。怎样切割才符合要求？

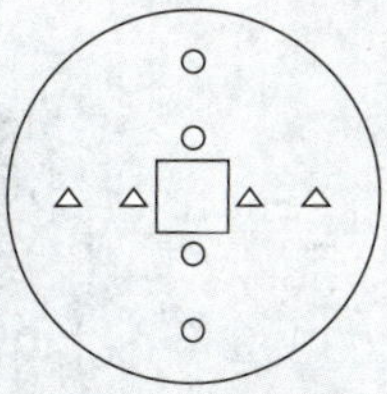

图 1-3　方孔铜钱

实践训练

活动一　创新（改进）设计

同学们进行自由分组，每组列出 6 种可以进行改进设计或者创新设计的物品（学习用品、日常用品均可）。开动大脑，集思广益，完成表 1-1。

表 1-1　创新设计明细

物品清单	改进意见	备　注

活动结束后，教师可对每组的实践成果进行评价。

活动二　创新思维训练

有 1 个钟的钟面，将其切成你喜欢的任意 6 块，切割时需要使每块切片中的数字之和全部相等，你会怎么切呢？

如图 1-4 所示，用火柴拼成 2 把椅子和 1 张桌子，如果要把桌子搬到 2 把椅子中间，最少需要移动多少根火柴？怎么移动？

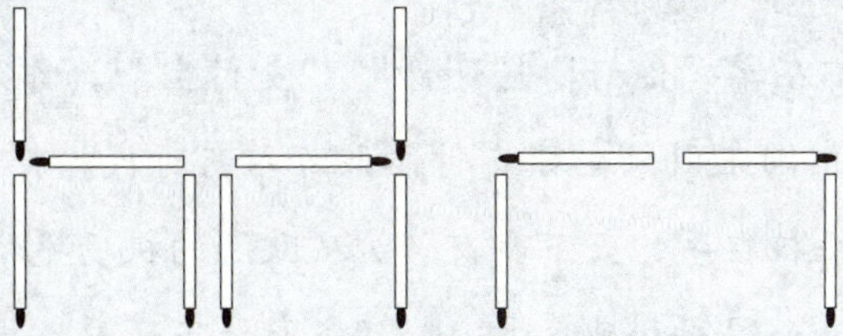

图 1-4　移动火柴游戏

第二章 创新精神

能力目标

（1）理解创新精神的内涵。

（2）掌握创新精神的特征与构成。

（3）了解创新精神的培养方法。

问题思考

创新讲述中国奇迹

（1）飞奔的“中国造”成为世界“抢手货”。2017 年 9 月 21 日，“复兴号”中国标准动车组以 350 千米的时速奔驰在京沪高铁上。这一跑，标志着中国成为世界高铁商业运营速度最快的国家。中国铁路网平均每天以 9 千米的速度增长，基本建成世界最大的“四纵四横”高铁网。随着“八纵八横”高铁网络规划的出炉，中国高铁总里程将提升到 3 万千米，覆盖 80% 以上的大城市。中国高铁形成了世界上速度最快的铁路系统，北京到上海 1 318 千米的路程最快仅需要 4.18 小时。截至，2021 年 9 月，全国新建高铁站 484 个，每天早上八点就有 1 700 多列高铁在穿梭，在最繁忙的上海站，平均 84 秒就有一辆高铁驶过，比我国最繁忙的地铁发车间隔还少了 19 秒。

（2）全世界都在学“你好”“谢谢”“支付宝”。作为世界上首个发明并使用纸币的国家，中国正引领全球支付体系迈入新时代。曾经的“出行在外，腰包必带”变成了“手机在手，天下我有”。从欧洲的机场免税店到日本的药妆店，支付宝已经登陆 26 个国家和地区的 10 万多家线下商户，微信支付也入驻了 13

个境外地区的 13 万家商户。中国的移动支付还在进化。刷脸支付、指纹支付、声波支付……更加便捷的支付方式让世界的目光看向中国。

资料来源：http://news.cnnb.com.cn/system/2017/10/23/008691597.shtml（有改动）。

想一想 什么是创新精神？为什么要发扬创新精神？

第一节　创新精神概述

激发全民族创新精神，培养高水平创新人才，形成有利于自主创新的体制机制，大力推进理论创新、制度创新、科技创新等，不断巩固和发展中国特色社会主义伟大事业，是建设创新型国家的重要途径。

一、创新精神的内涵

创新精神是指要具有能够综合运用已有的知识、信息、技能和方法，提出新方法、新观点的思维能力和进行发明创造、改革、革新的意志、信心、勇气和智慧，是一种奋发向上、积极进取、追求进步、建功立业的精神状态。

（一）推陈出新精神

中国传统文化价值观中蕴含着丰富的创新精神与思想内涵。《礼记·大学》有云："苟日新，日日新，又日新。"《周易·系辞下》有云："穷则变，变则通，通则久。"创新精神是人们对创新活动所持有的价值理念，是求新求变的必然选择。在当下的中国，更应让创新精神绽放光芒。

创新精神是一种勇于抛弃旧思想、旧事物，创立新思想、新事物的精神，是一种推陈出新的精神。例如，不满足已有认识（掌握的事实、建立的理论、总结的方法），不断追求新知；不满足现有的生活和生产方式、方法、工具、材料、物品，根据实际需要或新的情况不断进行改革与革新；不墨守成规（规则、方法、理论、说法、习惯），敢于跳出原有框框，探索新的规律、新的方法；不迷信书本、权威，敢于根据事实和自己的思考向书本与权威质疑；不盲目效仿别人的想法、说法、做法，不人云亦云，不唯书不唯上，坚持独立思考，说自己的话，走自己的路；不喜欢一般化，追求新颖、独特，异想天开，与众不同；不僵化、呆板，灵活地应用已有知识和能力解决问题……都是创新精神的具体表现。

经典案例

勇于担当的创新“天路”

在外人眼里，层峦叠嶂的大山是令人神往的无限美景，但在井陉县，巍峨的高山却锁住了村民出行的脚步，也屏蔽了外界发展的蓬勃脉动。修一条路，让山里山外快速连通；修一条路，让守着“金山银山”的日子不再清苦。这副担子，历史性地压在了井陉县交通建设者身上。

开拓创新、勇于创造是井陉太行“天路”精神的力量源泉。在山区修路，意味着更多的付出和更大的考验。面对资金、工程技术等种种难题，不论是“政府主导、乡镇主体、群众主力”的合作修路模式，还是高坡铺油的技术突破，再到“矿坑剧场、旅游驿站”的精品打造，沿途“种瓜点豆、彩色绿化”的亮丽景观，井陉人都用智慧和创新，把一个个“不可能”变成了“可能”。

“井陉‘天路’工程的主要功能是在保证通行的前提下服务旅游业发展。”其规划设计和建设过程，始终坚持解放思想、改革创新。”按照最初设想的国家二级山区公路标准，修路的确需要打隧道，不过考虑到井陉县的实际困难和“天路”乡村旅游公路的实际功能性质，最后决定不打隧道，先把路修起来，将来有条件时再逐步提升。

如今，走在秋风送爽的乡间路上，小菜园、小花园等浓郁的乡村田园气息扑面而来，独具匠心的陶瓷、鹅卵石、干礤墙元素让过往游客赏心悦目，生态环境的巨大变化让井陉县独有的古村落和山水资源变得特别受欢迎。为突出乡村路网品位特色，井陉县专门聘请中建集团专业团队，对贯穿 6 个乡镇 27 个古村落的“天路”沿线因地制宜“种瓜点豆、彩色绿化”。

在修路过程中，张家井村有一座 400 多米长的山体，爆破后 60 万立方米的石头可愁坏了施工队伍，清理石头不仅费时又费力，还会污染环境，怎么办？建立临时搅拌站，将这些石头就地取材，碎成石子，用于道路的“水泥稳定碎石层”的铺设。仅此一项就为铺设“天路”节省了 90 多万元。

资料来源：https://www.sohu.com/a/341619518_398127（有改动）。

（二）科学精神

从本质上讲，创新精神属于科学精神和科学思想范畴，是进行创新活动必须具备的一些心理特征，包括创新意识、创新兴趣、创新胆量、创新决心，以及相关的思维活动。创新精神是科学精神的一个方面，与科学精神其他内涵是统一的。例如，创新精神以敢于摒弃旧事物、旧思想，创立新事物、新思想为特征，同时创新精神又要以遵循客观规律为前提，只有当创新精神符合客观需要和客观规律时，才能顺利地转化为创新成果，成为促进自然和社会发展的动力；创新精神提倡新颖、独特，同时又要受到一定的道德观、价值观、审美观的制约。

创新精神把精益求精当作手段，目的在于创造出新的事物；创新精神提倡独立思考、不人云亦云，并不是不倾听别人的意见、固执己见、狂妄自大，而是要团结合作、相互交流，这是当代创新活动所运用的必不可少的方式；创新精神提倡胆大、不怕犯错误，并不是鼓励犯错误，只是深知出现错误是科学探究过程中不可避免的；创新精神提倡不迷信书本、权威，并不反对学习前人经验，任何创新都是在前人成就的基础上进行的；创新精神提倡大胆质疑，而质疑要有事实和思考的根据，并不是虚无主义地怀疑一切……总之，要用全面、辩证的观点看待创新精神。

小思考

党的十九大报告提出，“建设知识型、技能型、创新型劳动者大军，弘扬劳模精神和工匠精神，营造劳动光荣的社会风尚和精益求精的敬业风气”。你如何理解这里提到的“工匠精神”？它与创新精神是否相矛盾？

二、创新精神的特征

（1）综合性。它反映了创新精神内涵的丰富性和结构构成的多重性。创新精神不是单一的某种创新因素，而是因素集合，是一个完整的结构。这种综合性表明了它作为素质教育重点的适切性。

（2）关联性。它包含两层意思。一是创新精神的外部关联性，指的是创新精神的构成因素，即与创新活动、成果、创新主体最直接相关的因素。这种关联性提供了一种限定，也给研究和实践提供了一种便利。二是创新精神的内部关联性，指的是创新精神内部构成因素之间具有相互依存、影响、促进的关系，在相辅相成的关系中，构成一个整体。

（3）可发展性。创新精神不是天生的，虽然与生理遗传密切相关，特别是特殊领域的创新，如音乐、美术、运动等，但其真正实质性的发展，则是后天的。因此，创新精神具有可发展性。

拓展阅读

创新精神的特色

创新精神根植于中华民族千百年来勤劳智慧的实践，形成于兼收并蓄各种思想文化的有益成果之上，具有鲜明的特色。

（1）纳新接远的文明气度。中华民族中人口最多的汉族是由许多部落融合，并不断吸纳其他民族而形成的。多民族的融合共同塑造出吐故纳新、开放包容的文明气度，从汉唐盛世不断开辟的古代丝绸之路，到洋务运动开启的中国现代化进程，再到新时代着力构建人类命运共同体、全面扩大对外开放，皆是如此。

（2）达变求新的文化理念。春秋战国时期，诸子并起、百家争鸣，从不同角度提出新的思想学说，奠定了中华传统文化体系的基础；为了给传统文化注入新的活力，新文化运动主张创新中国文化，为中国现代化进程提供新的精神动力；改革开放以来，我们坚持解放思想、实事求是，在实践基础上不断创新，走出了一条前无古人、后启来者的中国特色社会主义道路。

（3）独具匠心的技术发明。中华民族素有“夺天工而开物”的传统，几千年前就掌握了取火、制陶、冶炼、铸造等技术，发明了各种生产、生活器具，也制定了历法。举世闻名的“四大发明”，是中华民族领先世界的科技成就，对整个世界文明的进程产生了巨大影响。

资料来源：《光明日报》2019年9月25日，第6版（有改动）。

三、创新精神的构成

创新精神主要由勇于探索的精神、艰苦奋斗的精神和乐于献身的精神三部分构成。其中，勇于探索的精神是创新精神的核心，艰苦奋斗的精神是创新精神的保障，乐于献身的精神是创新精神的依托。

（一）勇于探索的精神

勇于探索的精神主要表现为强烈的好奇心、稳定的兴趣和旺盛的求知欲等方面。

1. 强烈的好奇心

好奇心是对客体的选择性态度。个体具有好奇心，就会很自然地受到未知世界的吸引，乐于施展才智以寻求答案。具有创新精神的人，往往有强烈的好奇心、旺盛的求知欲，酷爱探索和钻研。个体只有对客观世界有好奇心，才会产生观察事物、解决问题的兴趣，才能有志于思考和探索创新事物。

2. 稳定的兴趣

兴趣是成功的内在起点。当我们对客观世界的某些现象或问题产生浓厚的兴趣时，就会去观察和思考它们，从而产生旺盛的求知欲，很想深入了解，追究原因，并做出解答。兴趣还能诱发和增强勇气与决心，从而使我们千方百计地去克服困难、排除障碍。

3. 旺盛的求知欲

求知欲是指追求某些现象发生的原因，探究客观事物变化的规律，以及寻求解决问题的办法的内心欲望。只有具备强烈的求知欲，才能有不畏困难、坚持探索、不达目的誓不罢休的雄心和勇气，并最终取得成功。求知欲是个体进行创新活动的开端，是影响个体创新能力的主要因素，也是创新型人才的基本特质。

小思考

一个人懂得发现并去发展自己的兴趣，才能更好地把握人生的意义。你的兴趣是什么？你有做过能够发展自己兴趣的努力吗？若有，请列举出来。

（二）艰苦奋斗的精神

艰苦奋斗是一种不怕艰辛苦难而勇敢去战胜困难的精神。艰苦奋斗的精神要具有足够的自信心和顽强的意志力。

1. 足够的自信心

具备创新精神的人往往相信自己是更有创造性的。没有足够的自信，是很难大胆创新的。信心是胜利的起点，是产生勇气和实现雄心壮志的保证。

2. 顽强的意志力

意志是人自觉地确定目标，并支配行动去克服困难以实现预定目标的心理过程。顽强的意志是不可或缺的创新素质之一。

拓展阅读

党的十八大以来，习近平总书记站在实现中华民族伟大复兴“中国梦”的全局高度，对大力弘扬劳模精神、劳动精神、工匠精神做出一系列重要论述，精辟概括了劳模精神、劳动精神、工匠精神的科学内涵：“在长期实践中，我们培育形成了爱岗敬业、争创一流、艰苦奋斗、勇于创新、淡泊名利、甘于奉献的劳模精神，崇尚劳动、热爱劳动、辛勤劳动、诚实劳动的劳动精神，执着专注、精益求精、一丝不苟、追求卓越的工匠精神。”

（三）乐于献身的精神

创新探索的道路上充满了矛盾和斗争。新理论、新观点、新产品的出现常常会遭到质疑、反对。拥有创新精神的人往往坚持真理，甚至献出了自己的生命。从心理学的角度来看，为真理而献身，是完善性格品质的最高表现。乐于献身的精神是智力因素与非智力因素的完美结合，反映了对科学的正确认识、对真理的追求、对科学的无限热爱，彰显了坚韧不拔的毅力、大无畏的勇敢精神和高度的牺牲精神。如同战斗一样，在创新的过程中，总会有人“负伤”，甚至“牺牲”。只有勇敢地坚持真理，甘于奉献才能为科学创新做出重大贡献。

第二节　创新精神的培养

当今社会是一个创新氛围越发浓厚的社会，创新精神作为一种非智力因素，支配着创业者的态度、行为，努力的程度、方向等。培养创业者的创新精神，有助于激发创业者的创新意识，提升创业者的创新品质。培养创业者的创新精神已成为不容懈怠的议题。

一、更新观念与优化内容

思想是行为的先导，正确的意识能够促进客观事物的发展，培养学生的创新能力对国家富强和民族兴旺具有重要意义。观念进步是行为改进的前提和基础，要想培养具有创新能力的创新型人才，就必须有创新观念的引入，也必须有创新精神的培养。新时期的创新观念要牢固树立并充分体现以改革创新为核心的时代精神，紧紧围绕实现中华民族伟大复兴的“中国梦”，有效利用思想政治理论课提供的理论支撑和动力之源，要充分认识到创新精神是以改革创新为核心的时代精神的重要内容，时代精神是社会主义核心价值体系的重要元素，改革创新是实现中华民族伟大复兴的唯一途径。作为一名正当青春时期的学生，应该牢固树立崇高远大的理想，继续发扬艰苦奋斗的创业精神，弘扬民族精神；勇于承担崇高的历史使命，增强社会责任感；努力学习科学文化知识，努力丰富自我，学习中敢于提出质疑，敢于挑战权威，培养自己的求异思维，不墨守成规；敢于、善于创新，以科学求实的态度，永攀科技高峰。

学校在建构现代课程体系时，首先要改进课程教材。思想政治课程教材要在与时俱进中不断丰富和完善社会主义核心价值体系的内容、以改革创新为核心的时代精神的内容和“中国梦”的内容，使之既高屋建瓴，又很接地气，融思想性、趣味性、实践性于一体；切实加强基础学科建设、综合学科建设，开辟多学科协调发展之路。其次要扩大专业口径。学生的年龄和实践经验差异很大，所处环境也不尽相同，他们在专业选择上可能存在较大的盲目性。因此，相关学校应弱化具体的专业方向，按专业大类、学科门类设置课程体系，实施综合性的人才培养模式，这既有利于开发学生的创造性潜能，又有利于展示学生的个性。

拓展阅读

学科交叉的重要意义

加快培养复合型创新人才，立足新发展阶段，贯彻新发展理念，构建新发展格局，推动社会高质量发展，迫切需要一大批优秀的复合型创新人才。

学科交叉是科学发展的必然要求。自然界的现象复杂多变，单一的视角和技术手段往往有较大的局限性。多视角、跨学科的探索，则更容易获得新认识、取得新突破。著名物理学家海森伯说，在人类思想史上，重大成果的发现常常发生在两条不同思维路线的交叉点上。科技创新也是如此。进入 20 世纪以来，学科分支越来越多、越来越细，大多数突破孕育于学科交叉中。从历届诺贝尔科学奖获得成果来看，有相当数量的获奖成果是学科交叉、技术集成的结晶。比如，对生命科学产生重大影响的 DNA 双螺旋结构的发现，正是得益于生物学、化学、物理学的多学科交叉。

学科交叉是产业变革的迫切需求。放眼世界，产业融合日益密切，“跨界”创新方兴未艾，许多关键核心技术牵涉的学科领域越来越多。比如，过去，集成电路被认为是信息工程学科的分支；到了移动互联网时代，集成电路成为信息技术产业的核心，其进展与微电子学、材料学、材料设计以及数学、物理学等密切相关。顺应产业变革的新潮流，早做布局、加快培养复合型创新人才，能更好地赢得未来。

资料来源：http://xj.people.com.cn/n2/2021/0524/c186332-34741813.html（有改动）。

二、深化教学改革

创新教育必须面向学生全体、有明确的培养目标，需要系统的课程学习、实践训练并参加各种社会实践活动。因此，学校必须从教育全过程出发，将创新教育纳入人才培养方案进行整体规划设计，以确保学生创新的知识、能力、素质达到预期要求。学校应进一步改革教学内容，依据教学大纲组织教学内容，处理好教学内容与教材、教学参考资料的关系，及时将国际前沿学术发展和最新研究成果，产业技术进步与实践经验纳入教学内容。学校应构建开放式的教学模式，合理、科学地引进、借鉴国内外一切积极的教学因素，从内容到形式、从方式到方法都要有所开发。在教学上，要引用创新精神的事例，潜移默化地培养学生的创新意识，增强课程内容的实践性，让学生独立解决问题，进而引领创新精神的培养。在课程教育的研究上，要继续加大投入力度，明确发展改革目标，使学生由善学变成乐学。

三、创新管理机制

管理机制创新以构建共享平台来保障实时进行，以持续开发来保证长远发展，以合理授权来激发创新才智，以优化激励来兑现价值，以开放兼容来实现才智融通，从而最大限度地激发人才的创新精神和创造活力。

（1）保障人才自由流通、自由发挥、自由创造。强化服务意识，推进简政放权，减少行政干预，打破简单依靠行政手段解决人才问题的惯性，构建新型人才人事管理制度。坚持事业为重、务实为要，根据人才所需所盼创新管理和服务，加强与人才的思想联系、工作联系和情感联系，建立帮扶成长成才和解决实际问题的长效机制，鼓励人才潜心研究，包容人才创新失败，让各类人才的创造激情和创新活力竞相迸发。

（2）在人才培养过程中，强调教育的适用性和实用性。根据社会和市场的实际需要，适时、适度调整学科专业设置，加强产学合作，实行开门办学，建立与企业和行业之间的密切联系，在教学的各个环节倾听和反映产业的需求，聘请有实践经验和理论功底的产业工程师任教，实行灵活多样的培养模式，培养学生的实践能力和工作技能。通过有效的继续教育满足学生知识更新、职业流动和科技创新的需要，全面构建起终身学习的新体制。

四、提升综合素质

树立均衡发展的观念，注重文理渗透，人文素质教育要传授文学、历史、哲学等知识，以培养学生的历史感。在专业领域内提升创造力，使文科与理科相互指导。例如用哲学指导数学思维，用数学思维促进对哲学的领会。文科与理科本身并没有优劣之分，它们都对社会发展和人类进步产生作用，只是理论侧重点不同。学生创新精神的培养既需要理科的逻辑思维，又需要文科的形象思维；既需要系统性的构建，又需要善于捕捉瞬间的灵感。文科与理科的交融和均衡发展为创新精神的培养提供了学科建设前提。

小互动

（1）桌上放着一些糖果，糖果中，除了两块不是红色的，其他都是红色的；除了两块不是绿色的，其他都是绿色的；除了两块不是黄色的，其他都是黄色的。你知道桌上一共有多少块糖果吗？

（2）假设有一个池塘，里面有足够多的水。现在有两个空水桶，分别能盛放 5 升和 6 升水。在没有其他工具的帮助下，你如何用这两个水桶从池塘里取到 3 升水？

五、开发教育资源

促进创新资源高效配置，建设一批具有先进水平、对我国经济社会发展具有显著作用的科技基础设施、重要科研机构、重大创新能力建设项目和重点实验室等区域创新支撑平台。建设科研技术创新合作基地、产学研基地，促进深度合作与融合。加快开放式学校的建设步伐，积极开展双边和多边科技合作，开发并有效利用全社会的优质教育资源，形成资源共享的教育体制、和谐互济的运行机制，让社会资源的广阔平台承载、催生、铸造学生的创新精神。

实践训练

活动一　科技创新制作

（1）学生自由分组，寻找身边可以利用的旧电器、旧玩具等物品，综合运用声、光、电、磁、机械等科学原理创新制作一些小玩具、模型等作品，并在班级中分享创新体会。

（2）学生自由分组，仔细观察生活中、学习中使用物品的不足和缺点，想一想这些不足和缺点应如何弥补，可以动手制作出来，也可以将自己的创意写出来（包括设计思路、设计原理、设计图纸等）。

活动二　培养创新兴趣

（1）收集名言警句。通过网络、书籍、报刊等收集有关创新的名言警句，并简单谈谈你对这些名言警句的理解。

（2）发现自己的创新兴趣。仔细分析自己的情况，找出自己的创新兴趣点，并说明这些兴趣点的价值。

第三章 创新思维、方法与能力

能力目标

（1）认识创新思维，掌握创新思维的基本形式与培养方式。

（2）掌握创新方法，会使用创新方法解决实际生活中的问题。

（3）形成创新思维习惯，掌握创新能力的构成。

问题思考

养牛新路子

承德生态农业有限公司成立于 2009 年 3 月，2008 年注册为专业合作社，开始规划“生态农业科技园”，2009 年 3 月正式注册成立有限公司。2013 年，公司秉承“创新、绿色、联盟”的理念成立北京新绿盟农牧公司。2015 年，公司与腾讯高朋合作打造全国首家智慧农场——九号工社。

该生态农业科技园区占地面积约 200 万平方米，总投资 10 356 万元，是集肉牛繁育、肉牛养殖、肉牛屠宰加工、高档牛肉分割、有机肥生产、生态农业种植为一体的市级农业产业化重点龙头企业。

公司建有标准化牛舍 15 000 平方米；生物有机肥生产车间 3 300 平方米，设计年生产生物有机肥 16 200 吨以上；肉牛屠宰加工车间 1 000 平方米，设计日屠宰能力为 30 头，主要用于高档肉牛的屠宰加工、高档牛肉分割。另建有青贮池 6 000 立方米、酒糟池 1 000 立方米。公司正常存栏育肥牛 1 200 头，年出栏育肥牛可达 6 000 头以上，年创产值 9 600 余万元，净利润 878 万元，年可利用农作物秸秆 20 000 余吨。可带动周边 3 000 户农民脱贫致富，人均增收 2 000 元以上。

公司以“为农者谋利、为食者造福”为宗旨，致力于探寻远古北戎部落原生态文明及皇家御膳文化，打造生态健康安全的精品食材；以“做推动中国生态合作事业的社会企业，走向社会主义生态文明新时代”为目标；以“打造生态健康好食材，享受生态健康农家宴，倡导生态健康乐生活，众筹生态健康新家园”为己任。经过数年的发展和建设，探索出一条“生态全产业链智慧农业”发展模式，以“生态牛肉、雪花牛肉”为拳头产品，在发展生态、循环农业、生态养殖、品牌建设上闯出了一条新路子。2013 年成为全国首家 PGS（参与式保障体系）基地，开展生产者与消费者互助合作，让农民开心、市民放心，实现生态农村、幸福农民、城乡和谐的目标。

资料来源：http://www.moa.gov.cn/ztzl/scw/cyrhnc/201612/t20161221_5413550.htm（有改动）。

想一想 案例体现了什么样的创新思维与创新方法?

第一节 创新思维

创新思维是创新的关键，是整个创新活动的实质与核心。运用创新思维，人们能够突破常规思维的界限，以超常规甚至反常规的方法、视角去思考问题，提出与众不同的解决方案。

一、创新思维的含义

创新思维是指人们为解决某一问题，自觉、能动地综合运用各种思维方式进行思考，从而获得新发现的思维过程，是人类在探索未知领域过程中一种积极向上的思维活动。创新思维是进行创新实践活动的基础条件，是思维的高级形式。培养学生的创新思维是提高学生创新能力的关键。

创新思维体现在思考的方式上、思路的方向上、思维的角度上，具有创造性和开拓性；创新思维对事物的认识不是只停留在原有的层面，而是进行重新的认识和分析，常常有超出常人思维的见解，用独特的方法解决问题，用新奇的方式处理事情，产生新产品、新工艺、新方法、新方案等，成果别具一格，具有独到之处，形成新的实用性或新的价值。

创新思维活动的领域就像艺术演示活动的领域，是发挥个人独特才华的地方。在创新的过程中，人们积极主动，敏锐观察，发挥创新思维的思考力，可以迅速得到各种不同的结论。在创新思维方式下，人们发现一种现象时会立即想到产生这种现象的原因，会想到其对立面，会及时联想到相关和相似的事物，从而使自己的创新活动呈现出千姿百态、千变万化的丰富情景。

创新思维是一个视野开阔、善于学习、勤于思考，实现与外界的物质、能量和信息交换的开放思维系统。处于开放状态下的创新思维，能够超越事物的体系，打破固有的限制，将思维从本体系向外拓展，获得新的启示，激发创新的火花。

创新思维属于非常规性、非逻辑性的思维活动，它独具卓识、敢于质疑、破除陈规，善于打破思想的禁锢，追求与常规不同的独立性；善于从新的角度思考问题，力求另辟蹊径，获得突破性的新发现，思维的跨越性很大，往往带给人们巨大的震撼和惊喜。

经典案例

用最少的钱让人们用上变速自行车

吴聪是 ×× 理工大学数理学院应用物理系的学生，在校期间，他一直热衷于发明创造，一有时间就和同学们在实验室尝试一些小创造。2014 年，他发明的“升降踏板式变速自行车”不仅获得了国家专利，还成了 2014 年国家级大学生创新创业训练计划项目。

提起这项发明，吴聪颇为自豪：“自行车自发明以来就深受人们的喜爱，并已成为人们出行的重要方式之一。近些年来，随着人们对出行工具要求的不断提高，比较舒适方便的变速自行车越来越受到大家的欢迎，可现实情况是，由于各种情况，非变速自行车仍然大量存在。我发明的这个踏板，结构简单，性价比高，只需要将普通自行车的踏板拆掉，换上我发明的踏板，普通自行车就能变成变速自行车。这对于那些收入不高的变速自行车发烧友来说是个福音，因为这意味着能用很少的钱，就将自己的普通自行车变成一辆变速自行车。”

二、创新思维的基本形式

创新思维是一种综合性很强的思维活动，涵盖了在创新过程中发挥作用的一切形式的思维方式，是显意识思维与潜意识思维、非逻辑思维与逻辑思维、发散思维与收敛思维等多种思维方式的有机整合。

（一）显意识思维与潜意识思维

显意识是人们自觉的、有目的的、能够通过语言来表达的意识活动状态；潜意识具有非自觉性，是随意的和零散的意识活动状态。显意识思维以理性化的逻辑思维为主要表现形式，潜意识思维以非理性化的非逻辑思维为主要表现形式。在显意识思维与潜意识思维之间发挥作用的创新思维方式主要有直觉、灵感和顿悟。

1. 直觉

（1）直觉的含义。直觉是指不受某种逻辑规则约束而直接领悟事物本质的一种思维形式。直觉是未经逐步分析和逻辑推理就迅速对问题的答案做出合理的猜测、设想的一种跃进式的思维方式。直觉是人类思维的一种独特智慧能力，是创新思维活动的一种表现，在创新活动中占有重要地位。

直觉把看上去毫不相干的事物联系在一起。因此，看到别人看不到的特殊关联，是创新思维的一个突出体现。美国心理学家瑞普提出，直觉的隐喻联想可帮助人们在一个更广泛、更特别的情景下看待同一件事物的不同功能和作用，从而实现思维中的一次次飞跃。直觉这种感性思维能够先于理性思维而敏锐地对事物及其关系做出整体和本质上的把握，从整体上达到对认识对象的深刻洞察。它把事物或过程之间的内在联系揭示出来，使观念清晰化，从而确定了认识的方向，为进一步的认识做出了意向性的提示。直觉判断的准确性取决于个人的阅历、知识、经验的丰富程度和思维水平的高低。一般来说，一个人所拥有的知识、经验的丰富程度，与其直觉的准确性成正比。

小思考

直觉似乎是一种冥冥之中的感觉，是与生俱来的。在生活、学习、工作中，自己有没有曾经预感到过某件事情，但又无法解释这种感觉从何而来，此时，你是选择忽略这种感觉还是跟着感觉走？你认为直觉靠谱吗？

（2）直觉的作用。直觉能够帮助人们敏锐地把握创新的方向。在研究探索中，人们会面临许多方向，在众多方向中难分优劣、研究方向模糊不清，能否从中做出正确的抉择就成了关键，这时不能仅仅依靠逻辑推理，还需要凭借直觉来把握。有经验表明，创新活动单单运用逻辑思维，按照逻辑规则进行推理是无法完成的，必须依靠直觉。直觉往往偏爱知识渊博、经验丰富的人，因为他们能够在很难分清各种可能性优劣的情况下做出优化抉择。例如，当德国物理学家普朗克提出能量子假说以后，物理学就出现了问题，究竟是通过修改来维护经典物理理论，还是进行革命，另创新的量子物理学呢？爱因斯坦凭借他非凡的直觉，选择了一条革命的道路，创立了“光量子假说”，为量子论做出了重大的贡献。

直觉能够帮助人们创造性地做出科学预见。直觉能够突破形象思维和抽象思维的束缚，充分发挥思维的潜能，能够创造性地提出新颖的科学假设、理论或概念。在科学公理的提出和科学命题的验证中，很多科学家正是在经验的基础上凭借直觉提出了创新的概念、判断、假说，并取得了重大的科学成就。

不同的领域和从事不同职业的人有着不同的直觉形式。一般来说，直觉的形成和应用主要与个体的智慧、经验及知识存量等因素有关。其中，个体的智慧对直觉的形成起着最重要的决定作用。一个人的智慧越高，他的直觉能力便越强；同时，特定的职业经验和专业知识是直觉产生的必要条件。因此，具有丰富的经验和厚实的知识，加上高水平能力与智力的人，才能产生敏锐的直觉判断。

经典案例

伦琴发现 X 射线

1895 年，在德国中部的巴伐利亚，伦琴博士正在进行有关密封玻璃管内发光现象的实验：在装有两个电极的真空玻璃管（雷纳管）电极上加上高电压。这项实验本身并不新鲜，是当时的科学家都知道的。当给玻璃管内的电极加高电压时，管内就会发光。但是为什么会发光。1895 年 11 月 8 日下午，伦琴和夫人吃完饭回到实验室，继续做雷纳管的发光实验。他从架子上拿了一只雷纳管，用黑色纸套把它严严实实地包了起来。接着，他关上门窗，让房间变黑，然后给管子接通高压电源，让管子放电，以便检查黑色纸套是否漏光。正当他开始正式实验时，突然发现一种奇异的现象：附近的小工作台上有一块涂了氰亚铂酸钡的纸板发出一片明亮的荧光。切断电源，荧光也随之消失了。伦琴发现这一现象后，又仔细观察了产生这种现象的原因，他把一系列放电通过阴极射线管，结果纸板上出现了同样的荧光。他确信，纸板发出的荧光，不可能是阴极射线形成的，因为阴极射线在空气中只能行进几厘米，而雷纳管离小工作台有两米多远，阴极射线是无法穿越这样长的距离的。于是，伦琴又把纸板移开，换上照相胶版，结果胶版感光了。接着，他又在雷纳管和照相胶版之间放上两种东西：钥匙、猎枪。令人惊奇的是，就连钥匙和猎枪金属部分的细小之处都被清清楚楚地照出来了。这真是一个惊人的发现。接着，伦琴又让他的夫人把手放在雷纳管和胶版中间，结果，她手上的每块骨头以及手上戴的戒指都被照出来了。从那天起，伦琴就住在了实验室，夜以继日地研究，终于在 1895 年 12 月 28 日发表了研究报告。

1896 年 1 月 5 日，关于 X 射线的重大报道在《维也纳日报》上刊出，立即引起了全世界的注意。在美国报道此事 4 天之后，就有人用 X 射线发现了患者脚上的子弹。X 射线的应用很快就进入医学领域。英国外科医生托马斯·亨利称之为“诊断史上的一座最大的里程碑”。1901 年，由于发现 X 射线的贡献，伦琴获得了诺贝尔物理学奖。

资料来源：http://www.360doc.com/content/15/0126/11/16967035_443774055.shtml（有改动）。

2. 灵感

（1）灵感的含义。灵感是一种高度复杂的思维活动。麦迪在其《激发灵感》一书中将灵感定义为：“灵感，实际上是一种潜思维形式，是一种近似于无意识或潜意识的非逻辑思维活动。”灵感是形象思维从显意识扩大到潜意识，由于创造力突然达到超水平发挥的一种特殊的心理状态。事实上，灵感是在创造者从事科学或文艺创作过程的高潮阶段突然出现的、转瞬即逝的短暂思维过程。

（2）灵感的特征。

① 突发性。灵感是大脑被高度激发时新思路的接通。灵感的出现，不是人们按照一定的程序制造的。灵感往往在无意中“突如其来”“忽有所悟”。德国哲学家费尔巴哈感叹：“热情和灵感是不为意志所左右的，是不由钟点调节的，是不会依照预定的日子和钟点迸发出来的。”灵感在任何时间、任何地点都可能出现，但在何时、何地出现，却是不确定的。

② 瞬时性。灵感是突破惯性思维的闪光，通常以闪现的形式、飞跃的姿态突然出现，又转瞬即逝。灵感迸发所持续的时间是非常短暂的，像闪电一样，来不可遏、去不可留。正因为如此，许多科学家、发明家、文学家、艺术家常常随身携带纸和笔，以便随时捕获各种时机下产生的灵感。

③ 创造性。一方面，灵感表现在思维方式上对常规思路的打破，使思想突然进入一个新的境界；另一方面，灵感表现在思维结果上形成了新的概念、新的观点以及新的技术、新的工艺等，往往导致认识上的飞跃。

3. 顿悟

（1）顿悟的含义。顿悟即突然领悟，是思维主体对百思不得其解的问题的突然明白，或者知道了解决问题的方法的状态。顿悟时，人们常常“恍然大悟”或“茅塞顿开”。因此，顿悟是指思维主体在顿悟思维活动中所体现出来的方式和状态。在格式塔心理学家看来，顿悟包含着一种特殊的加工过程，不同于常规的、线性信息加工思维。有学者认为，这种特殊的加工过程主要在以下情况下出现：思维的无意识跳跃，心理加工被极大地加快，认知加工过程产生某种类型的“短路”。

（2）顿悟的特征。

① 自发性。顿悟的产生表现为一种潜意识的、自发的形式，它不自觉但又自然而然地获得问题的答案。顿悟前有一段“潜伏期”，在这段时间内经常发生多次失败，并伴随一定程度的挫折感。例如，一个小女孩天天试着把线穿进睡衣的穿线洞里去，却总是做不到。一天下午，她做完游戏后跑进房间，从冰箱中拿出冰激凌时，突然明白了：她把这根线弄湿放进冰箱里，把它冻成一根冰线，然后把冰线穿进睡衣的穿线洞里。

② 突发性。指思维主体的“突然明白”。顿悟和渐悟是相对应的。渐悟是逐渐明白，是一种渐变性的、循序渐进的过程；而顿悟是思维主体新的“神经回路”突然接通，突然出现的问题解决方案，或者是解决方案即将出现的意识。

顿悟的产生往往由于受到某一认知事件的启发，顿悟者从该事件中获得启发的信息，并将其用于问题的解决上。例如，阿基米德在躺进浴盆的那一瞬间，看见水溢出浴盆而突然悟出了浮力原理，“王冠之谜”迎刃而解。当然，顿悟思维方式的产生及完成过程，必须以顿悟者具有足够的信息储备和进行大量的思考为前提，方可对某一问题在百思不得其解时突然有所领悟，否则是“悟”不出什么道理的。

③ 直指性。思维主体直接把握事物的原理或问题的答案。在顿悟思维状态中，问题的答案或解决问题的有效方法是突然地直接呈现在思维主体的眼前的，而不是经过反复试验，也不是通过对大量数据的复杂分析而获得的。

经典案例

从顿悟中找到的水稻培育方法

我国著名科学家袁隆平从 1964 年开始培育杂交水稻，连续 6 年的时间里，他所从事的杂交水稻研究进展缓慢，原因就是没有培育出“不育系”。1970 年夏季，袁隆平在与日本学者交流时谈起“此路不通走他路”的思维方式，他突然顿悟，决心寻找野生的水稻。他认为，雄性不育系的原始亲本是一株自然突变的雄性不育株，杂交高粱的研究便是从天然雄性不育株开始的，因此，水稻也可能存在天然雄性不育株。就这样，袁隆平和他的助手很快跳出了单一地用人工培植雄性不育系的圈子。1970 年秋，袁隆平带领他的助手李必湖、尹华奇来到海南岛崖县南红农场考察野生水稻资源，当年便发现了一株雄性不育的水稻。经过反复实验，终于在 1973 年培育出了我国第一批籼型杂交水稻。

（二）非逻辑思维与逻辑思维

“逻辑”一词源于古希腊语，最初表达词语、思想、概念、论点、推理等含义。1902年，严复翻译《穆勒名学》，将其音译为“逻辑”。在《现代汉语词典》（第 7 版）里，逻辑是指思维的规律或客观的规律性，逻辑学则被定义为研究思维的形式和规律的科学。

一般来说，创新思维要经历新思想的提出和新思想的论证两个基本思维阶段。前一阶段以非逻辑思维为主要的思维方式，后一阶段则以逻辑思维为主要的思维方式。

1. 非逻辑思维

非逻辑思维是指不依从逻辑规律的思维，实质上是一种不经充分的论证分析就得出结论的思维活动，包括想象、联想等思维方式。非逻辑思维是创造的源泉，是产生创造的必经环节。

（1）想象。想象是创新思维中必不可少的重要方法，是一种非逻辑的、跳跃式的思维活动。人们通过想象，在大脑中对已有事物的表象进行加工、改造，形成一种新的形象。想象可以帮助人们摆脱现实的局限，在思想的广袤空间里去发现和创造。例如，作家在写小说之前，在大脑中已经虚构了并未发生的故事情节，就属于想象。

想象是智慧的翅膀，是发明和创造的基石。人类离不开想象，人的想象能力越强，其思考的范围就越广。培养想象能力能有效促进创新思维的发展。爱因斯坦曾说过：“想象比知识更重要，因为知识是有限的，而想象力概括着世界上的一切，推动着进步，并且是知识进化的源泉。严格地说，想象力是科学研究中的实在因素。”经过想象，思维能够产生具有新颖性的结果，但这一结果并不是凭空产生的，而是在已有的记忆表象的基础上加工、改组或改造而来的。想象思维就像一双翅膀，能够把人们带到创新活动的理想目的地。

作家、艺术家需要发挥强大的想象力才能创作出优美的、令人震撼的作品，而读者、观众也需要借助自己的想象力去欣赏这些作品。艺术作品中的许多事物，包括某些人物形象都是想象思维的结果，如国内外神话故事中的天宫、海外仙山等都是人类想象思维所创造出来的虚幻事物。

此外，许多科学家都是富有想象思维的，一些重大的科学理论就是从想象开始的。爱因斯坦年轻的时候就曾根据自己掌握的知识想象：如果有人追上了 30 万千米 / 秒的光速将会怎样？如果有人坐在自由下落的升降机中将会看到什么？这些想象的内容表面看来显得毫无意义，但爱因斯坦却紧紧追踪着自己的想象，通过十几年的持续研究，终于提出了相对论，使现代科学技术向前跨进了一大步。

小互动

想象训练

假如让你想象一匹正在飞奔的马：一匹马开始奔跑，然后越跑越快，蹄下尘土飞扬，风驰电掣般；而后它开始减慢速度，改为小跑，跑得越来越慢；最后原地踏步，直至停下来。

按照上述说明，请你进行以下训练：想象一朵含苞待放的玫瑰花，想象一下宁静夜晚看到云中的月亮，想象一下寂静山野间的瀑布。将自己的想象讲给同学听。

（2）联想。由此及彼并设法用一种新的方式、关系把原本并不相同的两种事物彼此联系起来，即由一个事物联想到另一个事物的思维方式。许多新的创造都来自人们的联想。例如，中国著名的桥梁专家茅以升在设计钱塘江大桥时，因江中泥沙层很厚而使打桩遇到了意想不到的困难。当他在家里看到邻家的孩子用铁罐浇花，细细的水流居然把花坛的泥土冲出了一个深深的窟窿时，他茅塞顿开，总结出了“射水打桩”的办法。

联想的类型有很多，主要包括接近联想、相似联想、对比联想、因果联想和类比联想等。

①接近联想。不同事物在时间或空间上的接近都可以引起相关的联想。例如，诗歌中时空的联想：“春江潮水连海平，海上明月共潮生。滟滟随波千万里，何处春江无月明。”

春江、潮水、大海与明月这些既遥远又相近的事物被紧密地联系在了一起。

②相似联想。由事物外形、性质、意义上的相似引起的联想。例如,“春蚕到死丝方尽,蜡炬成灰泪始干”“床前明月光,疑是地上霜”等。

③对比联想。由事物间完全对立或存在某种差异引起的联想,即具有相反特征的事物或相互对立的事物之间所形成的联想。例如,文学艺术的反衬手法。

④因果联想。由于两个事物之间存在因果关系而产生的联想。这种联想经常是双向的,既可以由原因联想到结果,也可以由结果联想到原因。

⑤类比联想。通过将一种事物与另一种事物对比所进行的创新联想。其特点是以大量的联想为基础,以不同事物之间的相同点、类似性作为纽带。

小互动

(1)在两个没有关联的信息间寻找各种联想,将它们联系起来。例如,粉笔—原子弹:粉笔—教师—科学知识—科学家—原子弹。

- 足球—讲台。
- 黑板—聂卫平。
- 汽车—绘图仪。
- 油泵—台灯。

(2)分别在下面每组字旁加同一个字,使其组成不同的词。

- 自、睡、味、触、幻、感。
- 阔、大、博、东、告、意。
- 具、教、理、士、边、家。

2. 逻辑思维

逻辑思维是按照逻辑规律建立概念和命题之间推理关系的形式化思维。逻辑思维从概念出发,经过判断,推理出结果来。它包括概念、判断和推理三个方面的内容。逻辑思维通常采用比较与分类、分析与综合、抽象与概括、归纳与演绎等方法进行思考。逻辑思维具有严格的程序性和规范性的特点。

小互动

逻辑推理训练

班里有林、王和吴三名老师，分别教语文、数学、英语。

已知：每个老师只教一门课；林老师上课全用汉语；（英语老师是一个同学的哥哥；吴老师是一名女教师，她比数学老师活泼。

请问：根据这些条件，你知道三名老师各教什么课吗？

（三）发散思维与收敛思维

在人们的日常生活、工作中，经常会运用到发散思维和收敛思维，它们是对立统一的，具有互补性，不可偏废。同样，任何一个创新过程，都必然经过扩散到集中，再由集中到扩散的多次循环往复的思维过程，直至问题得以解决。

1. 发散思维

发散思维也称扩散思维，是以形象思维为基础，既不强调事物之间的相互关系，也不追求解决问题的唯一正确答案，而是围绕一个中心问题，进行多方面、多角度、多层次、多结构的思考，以寻找答案的思维方式。它摆脱了原有的思维框架，以新的视角去探索问题、重组信息，使问题得到完美的解决。一般来说，思维延伸越远，思路越开阔，获得新发现的概率就越高。发散思维有多种形式，主要包括立体思维、平面思维、逆向思维、侧向思维、横向思维、多路思维和组合思维等。

（1）立体思维。思考问题时跳出点、线、面等平面空间的局限，在更大的立体空间内进行思索，找到解决问题的办法。例如，立体农业间作，如玉米地里种绿豆、高粱地里种花生等；立体森林，如高大乔木下种灌木，灌木下种草，草下种食用菌；立体渔业，如网箱养鱼充分利用水面、水体，等等。

小思考

立体思维不仅可以提升学生的行动力，让学生更好地收集信息，而且可以让学生更愿意去实践，更清楚自己想要的是什么，通过不断总结实践使自己进步。你希望有立体思维吗？怎样才能建立立体思维呢？

（2）平面思维。以构思点、线、面二维平面图形为特点的发散思维形式。例如，在一张纸上画出各种不同形状的图形，可以是连续的或不连续的。

（3）逆向思维。也叫作反向思维，是从结论往回推，倒过来思考，从求解回到已知条件，从而使问题简单化。世界上许多事物之间相互联系、相互作用，事物甲能够产生事物乙，事物乙反过来也能产生事物甲。逆向思维是把事物倒过来想。例如，说话声音的高低能引起金属片振动；反过来，金属片的振动能够引起声音高低的变化，由此爱迪生发明了留声机。

（4）侧向思维。也称旁通思维，是一种从与问题相去甚远的事物中受到启发，找到解决问题的方法的思维方式。当一个人苦苦思索某一问题时，在大脑中会产生一个优势灶，一旦触碰到其他相关的事物，就容易与这个优势灶产生一连串的反应，受到启发，从而解决问题。例如，用钢筋加固水泥的办法就是从植物的盘根错节现象想到的。

（5）横向思维。相对于纵向思维而言的，就像时间是一维的、空间是多维的一样，横向思维与纵向思维就代表了一维与多维的互补。横向思维主要有横向转移和横向转换两种形式。

① 横向转移是指把其他领域的好方法移到本领域来，或者把本领域的好方法移到其他领域去。例如，酒变酸、肉汤变质是由于细菌的滋生，消灭细菌就可以防止酒、肉汤变质。英国外科医生李斯特将其用于医学界，发明了外科手术消毒法。

② 横向转换是指不直接解决问题，而是转换成其他问题，当其他问题解决后，原来的问题便迎刃而解了。例如，曹冲称象，把测量大象的体重转换成测量船入水的深度。

小互动

图 3-1 所示是两个不完整的图形，请展开想象的翅膀，在所给图形的基础上完成富有创意的图画。

图 3-1 线条图形

（6）多路思维。解决问题的办法不止一个，人们可以从多个角度、多个方向思考。多路思维是指对一个有多种答案的问题，人们朝着各种可能解决的方向，去扩散性思考该问题各种正确答案的思维，能够从不同角度、不同逻辑起点、不同思维程序考察客观事物，形成多方面、多层次、多因素、多变量的整体认识。

（7）组合思维。它也是一种创新的方法，是从某一事物出发，尽可能多地与其他事物联结起来形成具有新价值的新事物的思维方式。例如，将两种或两种以上的技术全部或部分地组合，可以形成新的技术成果。美国创造学家奥斯本说："新的发明几乎都是通过对老发明的组合或改进产生的。"

拓展阅读

多路思维的思考途径

（1）就事物的整体进行多向思维。例如，帽子的用途有多少种，书本的用途有多少种，红色可以用在哪些场合。

（2）有顺序的多路思维。例如，生产的杯子可以是陶瓷的、搪瓷的、铝的、不锈钢的、塑料的、玻璃的等。

（3）转换角度多向思维。许多科学家在发明创造时，都懂得要用陌生的眼光观察熟悉的事物。要用陌生的眼光观察熟悉的事物，是指在观察事物时应该不断地变换思考的视角，如换个时间、换个地点、换个高度、换个身份等。

（4）绕道迂回式思考。回避使用常规的直接解决问题的方法，在某些问题、某些场合拐个弯，可能会找到更好的解决办法。拿破仑说过："我从来不正面攻击一个可以迂回的阵地。"

（5）标新立异地思考。在创新创造时，有意地不采用大家都熟悉的方式、方法，敢于匠心独运地提出一些奇特的、眼光独到的设想。

2. 收敛思维

收敛思维是一种与发散思维相反的思维方式，又称聚合思维、求同思维。收敛思维要求将多路思维指向某个中心，以问题为中心，围绕中心组织信息，从不同方面向中心收敛，以达到解决问题的目的，如图 3–2 所示。如果说发散思维是从一点向四周放射，那么收敛思维就是从四周向某点汇集，收敛、抽象、概括是其基本核心内容。

收敛思维是把许多发散思维的结果从四面八方聚集起来，选择一个合理的答案。收敛思维的运用并不是对所有的思路进行简单的否定或肯定，而是对这些思路进行补充、修正、交叉，不断优化。人们运用收敛思维时，思维始终集中于同一方向，一环扣一环，具有条理性、逻辑性、规律性。

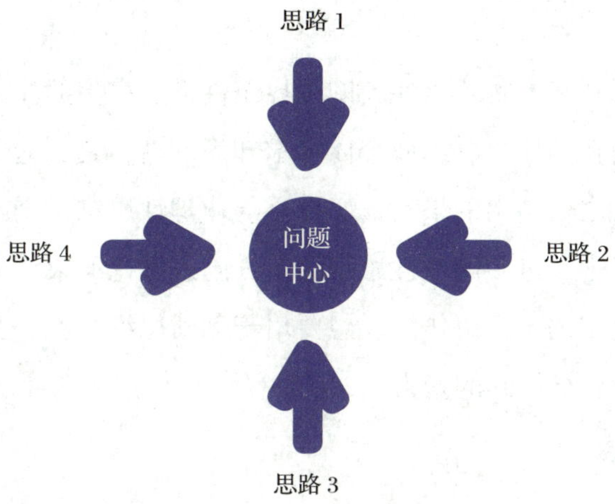

图 3–2 收敛思维图示

三、创新思维的培养方式

（一）破除思维枷锁

由于人们自身的一些固有思想和观念已经存在了很长时间，在认识某些事物和看待某些问题的时候总是用一种固有的思维方式，这是创新的最大阻力。因此，在建立创新思维之前需要清除心灵中阻挠创新的思维枷锁。

1. 形成怀疑和批判的思维方式

怀疑和批判是人类社会得以进步与发展的源泉。在创新过程中，怀疑是为了更好地创造，在怀疑的过程中可能会发现新的问题。例如，伽利略对亚里士多德的怀疑开启了近代科学，牛顿对笛卡儿的怀疑开启了近代光学研究。

2. 正确对待思维的差异性

思维的差异性是指思维的不同性质、研究领域的不同范式和思考问题的不同角度与方法。“求同”与“求异”的关系需要辩证地理解。“求同”能体现事物的一致性和稳定性，这是事物能够被认识、实践的基础，也只有求同才能达到最终的共识。“求异”是为了打破僵局的平衡，实现突破。创新就是在求同的基础上求异，在求异的基础上求同。

3. 激发思维的活力

清除思维死角的关键在于激发思维活力。一方面需要大胆地思考、想象、联想，直面自己的直觉，“听从内心的召唤”；另一方面需要摆脱头脑中长期以来固化的理论、经验、权威的束缚，主动进行多方向、多视角、立体化、多维化的换位思考，同时不断吸纳新的知识，更新自己的信息库，进行概念的重组。

4. 保持好奇心

好奇心是个体遇到新奇事物或处在新的外界条件下所产生的注意、操作、提问的心理倾向，是个体学习的内在动机之一，而个体寻求知识的动力是创造性人才的重要特征。创新思维并不完全是理性之树结出的果实，好奇心与非理性思维是创新思维产生的源泉和动力。在解决问题的过程中，过多的理性思维会使人陷入理论的束缚不能自拔，从而对创造力和想象力的发挥产生制约、阻碍作用。想要培养创新思维，就需要一直保持旺盛的好奇心，维持好奇心与理性思维之间的张力。

5. 培养非逻辑思维能力

非逻辑思维是指不受固定的逻辑规则约束而直接根据事物所提供的信息进行综合判断的一种思维方式。非逻辑思维的特点是非系统性、非合理性、非真实性和非连续性，很多学者认为，在创新思维取得突破的关键阶段，非逻辑思维比逻辑思维扮演着更加关键的角色，因此非逻辑思维被称为创新思维的实质和核心。

经典案例

锅和灶

一个年轻的摄影记者带着家人到海边度假。由于职业的习惯，他总是留心观察那些有意义的生活画面。他连续几天在海边散步时都发现，有一位老渔夫总是在这个时候打上一网鱼，并且总是将网里面的大鱼都重新扔到海里，而只留下一些很小的鱼带回去。年轻的摄影记者觉得很奇怪，决定去问问老渔夫其中的原因。

“请问：你为什么总是把费尽力气捕到的鱼扔回海里呢？如果是因为发善心，那么你应该将小鱼放生呀！我实在想不明白你这样做的原因。”

“有什么好奇怪的！因为我家的锅太小了，大个儿的鱼根本没法下锅，所以我才把大鱼都扔回海里。”

摄影记者感到不可思议，于是说：“那你为什么不换一口大一点的锅呢？这样一家人不是每天都可以吃到美味的大鱼了吗？”

老渔夫却说：“那怎么可以呢？我家的锅是和灶相配套的，灶只有那么大，锅太大了，岂不是没法烧火做饭？”

年轻的摄影记者仿佛找到了事情的根源，他对老渔夫说：“这还不好办？

重新垒一个灶，然后换一口大一点的锅，这样一来，问题不就全部解决了吗？这不是比每天都要花时间把好不容易捞上来的大鱼扔回海里强百倍吗？”

可是，当听到老渔夫接下来的话时，他再也无法得意，而且实在不知道该说些什么好。老渔夫是这样说的：“这灶和锅都是我爷爷留给我父亲的，然后我父亲又留给了我，我只知道如何靠这副锅灶来做饭，却从来不知道怎样垒一个新灶、换一口大锅。即使有人帮我换一个锅灶，我也不知道如何用新的锅灶做饭，因为父亲当年没告诉我。”

（二）扩展思维视角

人的思维定式中很常见的一种情形就是以自我为中心展开视角。人们习惯于用自己的需求、自己的目的、自己的价值观、自己的态度、自己的情感、自己的趣味来衡量、规范外界事物。从自我视角看待事物和问题，本身无所谓对与错，但是执迷于自我的单一视角就会使人眼界狭窄，失去认识事物多维信息的机会，而那些不熟悉、不习惯的视角中往往隐藏着创新的机会。而且，自我视角不利于信息交流，因为自我视角的信息传输是单向的，信源与信宿被功能固定化。缺乏信息反馈本身阻碍了信息同化和异化的进程，不利于主体自身认识的深入。

从信息加工的角度来看，扩展思维的视角有利于把创新的思维过程从单线式的结构拓展为网络式的结构。这样，达到最终目标的链路就不再是单一的，而是由于新视角的开辟呈现出多种解决问题的可能性，大大降低了创新的难度，并提供了创新方案的可选择性。

（三）激发思维潜能

通过科学、合理的训练，提升人们在解决问题的明朗阶段实现有效性的突破，其关键在于：突破一般性思维的僵化模式，突破权威的已经不合时宜的陈腐观念，突破陈旧的理论框架。突破的同时往往伴随着新概念、新观念、新理论、新方法的出现，因此，突破即创新。激发思维潜能可以从以下三个方面入手。

（1）良性的心理暗示。它能够强大人们的内心，进而增强人们的创新思维能力。这是无数心理学实验早已证实的现象。

（2）冥想训练。对人们意识的训练，进而激发创新的潜能。在冥想训练中，人们首先舒展想象的翅膀，超越逻辑思维的牵绊，抛开已有的知识和经验，任由心灵徜徉在无限的空间中。

（3）创造幽默氛围。幽默的背后是一种独特的思维，是举轻若重、举重若轻。首先，幽默本身充满了发散思维、逆向思维、联想思维、求异思维等常见的创新思维方式，使用幽默就是使用这些思维方式；其次，幽默所创造的氛围能够让自己放松下来，创新诚然需要不懈的努力，但灵感的激发经常在不经意的轻松氛围下产生。幽默的氛围能够让人轻松愉快、思维活跃，这是创新思维最喜欢的土壤。

小互动

在图 3-3 中，哪幅图刚好能和中间的图形合为一体？

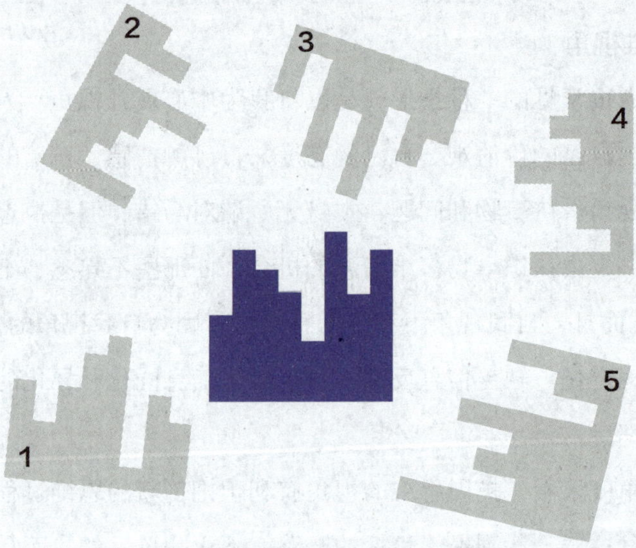

图 3-3　图形拼合

第二节　创新方法

创新也需要掌握一定的方法，只有掌握了正确的、合适的创新方法，创新活动才能顺利进行，创新效果才能凸显。创新方法是创造学家收集大量成功的创造和创新的实例后，研究其获得成功的思路和过程，经过归纳、分析、总结，找出的一些带有普遍规律性的原理、方法和技巧。

一、头脑风暴法

头脑风暴法是一种培养学生创新思维能力的方法。通过集思广益、发挥集体智慧，学生能够迅速获得大量的新设想与创意。

（一）头脑风暴法的由来

头脑风暴法的英文全称为 brain storming，又称智力激励法。1939 年，由美国学者亚历克斯·奥斯本首次提出。头脑风暴法让与会者在无限制的气氛中自由联想和讨论，使各种设想在相互碰撞中激起脑海的创造性风暴，产生新观念或激发创新设想。

（二）头脑风暴法的原则

为了使与会者畅所欲言，互相启发和激励，达到较高的效率，运用头脑风暴法必须严格遵守以下原则。

1. 推迟判断，禁止批评

参与人员对别人提出的任何想法不能批判，不允许自我批判，不能在会上对他人的设想评头论足，因为会议结束后，会有专人来对这些设想进行评判。禁止使用具有扼杀性或自我扼杀性的语句，如不允许使用“这根本行不通”“你这想法太陈旧了”“这是不可能的”“我提一个不成熟的看法”等语句。只有这样，与会者才可能在充分放松的心境下集中全部精力开拓自己的思路，做到尽力多提设想，且越多越好。

2. 畅所欲言，任意思考

提倡自由发言、任意思考、任意想象、尽情发挥，参与人员尽可能地解放思想，无拘无束地思考问题并畅所欲言，不必顾虑自己的想法是否离经叛道或幼稚可笑。但需要注意的是，参与人员不能私下交流，因为这种行为很可能会打断他人的思路。

3. 以量求质

鼓励参与人员尽可能多而广地提出设想，以大量的设想来保证质量较高设想的存在，设想多多益善。

4. 综合改善

鼓励参与人员积极进行智力互补，在增加自己所提出设想的同时，注意巧妙地利用和改善他人的设想，应思考如何把两个或多个设想结合成另一个更完善的设想。

小互动

头脑风暴法小演练

下面这个题目限时 2 分钟，以小组为单位，进行 10 分钟的头脑风暴法小演练，快来写下你的思考过程和结果吧！

有 1 名船长和 12 名水手一起驾船出海，船上有足够的粮食和水，还携带了 5 只鸭子和 5 只鸡。

请问：船长带了几只羊？

（三）头脑风暴法的实施流程

1. 准备阶段

主要是确定要讨论的主题，组建小组，通知会议内容、时间、地点等。此外，还需要准备会场，可以预备一些智力游戏道具、简单的发散思维练习布置等，以活跃气氛。

（1）明确主题。事先对所议问题进行研究，弄清问题的实质，找到问题的关键，设定解决问题所要达到的目标，并且提前通报给与会者。

（2）选好主持人。主持人必须熟悉并掌握头脑风暴法的要点与操作规范，摸清主题现状和发展趋势，要善于激发参与者思考，激起参与者的思维"灵感"。

（3）选好记录人。要求将参与者的每一个设想不论好坏都完整地记录下来。

（4）选好专家小组（参与者）。规模以 10～15 人为宜，懂得该会议提倡的原则和方法。

2. 引入阶段

主持人宣布开会后，先说明会议的规则，然后随便谈点有趣的话题或问题。目的是创造一种自由、轻松、和谐的氛围，使大家得以放松，进入一种无拘无束的状态。

3. 明确问题

主持人简明扼要地介绍有待解决的问题。主持人的介绍切忌冗长、面面俱到，因为过多的信息会限制人的思维，干扰思维创新的想象力。

4. 整理阶段

一段讨论后，主持人或记录人应对参与者的发言进行整理、归纳，用以启发参与者开拓新角度、新思维，从而为下一步的继续讨论奠定基础。

5. 畅谈阶段

为了保证参与者能够畅所欲言，主持人须向大家明确几点要求：一是不要私下交谈，二是不要妨碍、评论他人发言，三是发言应简洁明了。主持人要引导参与者自由发言、自由想象，相互启发、相互补充。

6. 筛选阶段

会议结束后，主持人或记录人须将大家的想法整理成若干方案，再根据相关标准进行筛选。经过多次反复比较和选优，选出多种创意的优势组合，最后确定 1 ~ 3 个较佳方案。

二、组合创新法

组合创新法是指按照一定的技术原理，通过重组合并两个或多个功能元素，开发出具有全新功能的新材料、新工艺、新产品的创新方法。这种创新方法不同于突破性创新中完全采用新技术、新原理的方法，是对已有发明的再开发利用。

（一）主体附加法

又称为内插式组合法，是在原有的技术思想中补充新内容，在原有的物质产品上增加新附件，从而使新得到的物品性能更好、功能更强的组合方法。它常适用于对已有的产品的完善和改进。实施步骤如下。

（1）有目的地选定一个主体。

（2）运用缺点列举法全面分析主体的缺点。

（3）运用希望点列举法，对主体提出种种希望。

（4）考虑能否在不变或略微改变主体的前提下，通过增加附属物以克服或弥补主体的缺陷。

（5）考虑能否通过增加附属物，实现对主体寄托的希望。

（6）考虑能否利用或借助主体的某种功能，附加一种其他东西使其发挥作用。

（二）异物组合法

异物组合法是将两种或两种以上的技术思想或具有不同功能的物质产品进行组合。组合的结果是产生新的思想、新的概念、新的技术或新的产品。例如，将鞋子和滑板组合起来，就发明了轮滑鞋。由于不相似或不相同的事物是没有穷尽的，所以，相对主体附加法和同类组合法来说，异物组合法的思维广度和深度更大，其创造性也更强。异物组合法的具体形式主要有以下几种。

（1）功能组合。把不同物品的不同功能、不同用途组合到一个新的物品上，使之具有多种功能和用途。在生产实际和日常生活中，功能组合的机会很多，组合的环节简单，成功率较高。

（2）原理组合。将某一事物的原理同其他事物的原理相互渗透、融会贯通，从而得出一种新方法或新理论。在事物的组合关系中，原理组合是一种高层次的组合，具有组合对象难找、组合过程复杂的特点，但这种组合的创造性较强，可能会产生突破性的成果。

（3）意义组合。意义组合功能不变，但组合之后赋予事物新的意义。例如，一件普通的T恤衫，可能并没有人会去买，如果在T恤衫上印上某个学校的名称，就会给该校学生带来一种归属感、自豪感，使其成为有纪念意义的衣服，不仅会受到学生的欢迎，还会被他们收藏。

（4）构造组合。将两种东西组合在一起，它们便有了新的结构并带来新的实用功能。例如，房车就是房屋和汽车的组合，它不仅可以作为交通工具，还可以作为居住的场所。

（5）成分组合。两种物品成分不相同，组合在一起后就构成了一种新的产品。成分是指构成事物的各种不同物质或因素，它直接影响着创造的原理与结构，成分组合是利用已知的物质进行组合而做出的某一创造。

（6）材料组合。材料是人们用来制作有用物件的物质，是构成创造成果的物质基础。人们在进行创造时，总是先利用现有的材料，当现有的材料不能满足创造要求时，就需要对材料进行创造。其中，把两种或两种以上现有的材料组合起来，不仅可以改善原物品的功能，还能带来新的经济效益。

小互动

异物组合法小演练

用异物组合法将你身边的任意东西组合起来，看看有什么新的创意，如衣服、帽子、鞋子、袜子、书包等。初步组合后，对看似荒唐的组合不要马上下结论加以否认，要经过反复联想思考，不断地提出假设和可能性，或许一个新的发明就会产生。

（三）同类组合法

同类组合法是两种或两种以上相同或相近的事物的组合，其特点是参与组合的对象与组合前相比，其基本性质和结构没有发生根本变化，是在保持事物原有功能或意义的前提下，通过数量的变化来弥补功能上的不足或产生新的功能。

同类组合的目的是在保持事物原有功能或原有意义的基础上产生新功能或新意义，而这种新功能或新意义是单个事物不具有的。同类组合的条件是根据需要来决定的。简单、复杂的事物都可以组合，关键是看其有没有必要组合，究竟是否需要组合，是否具备组合的条件。

采用同类组合法时，要考虑以下两个方面。

（1）单个不同事物组合后，其功能是否更好、是否有新意。

（2）两个以上相同事物组合后，能否有新的功能和新的意义，能否赋予新的特征。

同类组合法进一步利用了已有的事物，并使组合过程变得比较简单。同类组合往往具有事物的对称性或一致性趋向。

小思考

用同类组合法将你身边的东西进行组合（如开关、橡皮、凳子、悠悠球、冲浪板等），你能产生哪些新的创意？

（四）重组组合法

重组组合法是改变原有事物的结构组合方式，使原有元素在不增加数量的情况下，改变原有事物性质的组合。重组组合是在事物的不同层次上分解原来的组合形式，然后以新的思想重新组合起来，其特点是改变了事物各部分之间的相互关系。因为它是在同一事物上施行的，所以一般不增加新的内容。重组组合法的构思方式一般有以下几种。

（1）变位重组。即通过改变组成要素的相对位置进行重组构思。比如，早期的双门电冰箱都是上部为冷冻室、下部为冷藏室，这种结构的冰箱存在一些缺陷，如空气流通的规律是热空气向上流通，而上部正好是冷冻室，造成冰箱比较费电；又如，通常情况下，使用比较多的是冷藏室，而冷藏室却在下部，造成取东西不太方便。通过变位重组把冰箱改成上“热”下“冷”式的结构，可以克服早期冰箱的缺陷。

（2）变形重组。即先对组成部分进行适当的变形，然后进行重组。

（3）模块重组。即把组成事物的各要素按模块设计，使用时，根据需要进行模块化组合。模块化结构有利于产品的标准化、通用化、系列化，有利于缩短设计的时间和试制时间。

经典案例

音乐牙刷

有研究发现，很多人的牙齿问题并不是牙齿本身的原因造成的，而是由于不正确的刷牙方法导致。怎样才能让人们养成正确的刷牙方法呢？法国的一名医生为了帮助人们掌握正确的刷牙方法，发明了音乐牙刷。当竖着刷牙时，牙刷内会奏出悦耳的乐曲声；当横着刷牙时，音乐声会立即停止。

资料来源：https://wenku.baidu.com/view/1d6460221a37f111f1855ba6.html（有改动）。

（五）信息交合法

信息交合法是由我国创造学研究者许国泰发明的，它是指将思考对象的所有信息要素按照不同类别进行划分，每一类作为一条坐标轴，然后根据需要把各种坐标点有机地结合起来，并从各种信息的交合点入手进行创造的一种思维方法。信息交合法有利于人们打破传统思维定式，为创新思维提供丰富的信息资源，提高创新思维的质量和水平。信息交合法的交合方式主要有以下三种。

（1）成对列举交合。创新主体将任意的两个事项组合起来，成对列举，或把某一范围内的事物一一列举，依次成对组合，从中获得独创性设计方案的方法。成对列举交合既有特性列举法务求全面的特点，又汲取了强制联想法易于产生新颖设想的优点，是启发思想效果比较好的创新思维方式。

（2）平面坐标交合。从 X 坐标和 Y 坐标两个方向列出信息元素后进行成对交合思考的方法。这种方式利用坐标系促使人们从意义上缩小不同事物之间的差距，使原来无关的事物建立起联系，并演变为新事物。

（3）立体交合。在确立一个问题点后，以此为中心分解列出许多不同的各种变量的坐标，而每一变量坐标又可以不断分解设置下去，然后用线线相交或面面相交的办法，寻找新的创意方法。

三、移植创新法

无论是理论还是技术，尽管领域不同，但常可发现一些共同的基本原理。因此，可根据不同的要求和目的作移植创新。

（一）移植创新法的含义

移植创新法是将某种事物、某个领域中的原理、技术、方法等，应用或渗透到其他事物或领域中，为解决某一问题提供启迪和帮助的创新思维方法。在通常情况下，移植创新法是将已成熟的成果转移到新的领域，用来解决新问题，因此它是现有成果在新情景下的延伸、扩展和再创造。

小思考

面包由面粉发酵加工而成，烤面包时，由于面包内部产生大量气体，使面包体积膨胀，变得松软可口。如果将这种面包发泡技术移植到其他领域，你能想出哪些有趣的设想呢？

（二）移植创新法的类型

根据移植物来源的不同，移植创新法可分为4种类型。

（1）原理移植法。将某种行之有效的技术原理，由它最初运用的技术领域移植到其他技术对象上，以创造新的技术产物。

（2）结构移植法。将某事物的结构形式和特征转用到另一事物上，以产生新的事物。

（3）方法移植法。将新的方法转用到新的情景中，以产生新的成果，即将某一学科领域中的方法应用于解决其他学科领域中的问题。

（4）材料移植法。将材料转用到新的载体上，以产生新的成果。

（三）移植创新法的实施思路

（1）成果推广型移植。将现有科技成果向其他领域铺展延伸的移植方法，其关键是在弄清现有成果的原理、功能及使用范围的基础上，利用发散思维方法寻找新载体。

（2）解决问题型移植。从研究的问题出发，通过发散思维找到现有成果，经移植后使问题得到解决。

（四）运用移植创新法的条件

运用移植创新法时首先要弄清楚移植什么及为什么要移植。理论和实践经验表明，要有效地运用移植创新法，应具备以下三个基本条件。

（1）用传统方法难以找到理想的设计方案或解题思路，或者利用本专业领域的知识根本无法找到出路。

（2）其他技术领域存在解决相似或相近问题的方式。

（3）对移植结果能否保证系统整体的新颖性、先进性和实用性有定性判断。

在创造活动中只有同时具备这三个条件，才有实施移植创新法的必要性和可能性。

经典案例

叩诊法的发明

18 世纪中叶，奥地利首都维也纳有一位名叫盎布鲁格的医生。有一次，他给一个病人看病，病人胸痛、气短、发烧，可就是检查不出症结所在。没过多久病人就死去了。经过尸体解剖，他发现病人的胸腔内积满了脓水。怎样才能知道病人的胸腔内积水呢？他忽然想起他父亲在经营酒店时，常常用手指关节敲击木制酒桶的情景，只要根据敲击发出的声音就能大致知道酒桶中还有多少酒。人的胸腔不就像一个酒桶吗？能不能用同样的办法来判断病人的胸腔是否积水呢？通过对病人的观察、解剖和对比，他终于找到了胸腔积水与敲击声的关系。

资料来源：https://wenku.baidu.com/view/cd3297004b35eefdc9d3330d.html（有改动）。

（五）移植创新法的实施步骤

（1）明确决策问题。

（2）组织人员形成评价小组，小组成员包括项目组成员、相关领域的专家等。

（3）根据评价准则制定评价方法，包括确定评价项目、制定评价表格。

（4）针对决策课题选择不同的实现方法来模拟原型。

（5）小组成员对不同的模拟原型进行评价并打分，选择集中的方案或得分最高的方案为决策方案。

四、列举创新法

以列举的方式把问题展开，用强制性的分析寻找发明创新的目标和途径。列举创新法的主要作用是帮助人们克服感知不足的障碍，迫使人们将事物的特性细节统统列举出来，挖掘熟悉事物的各种缺陷，思考希望达到的具体目的和指标。根据研究对象的不同，列举创新法可分为特性列举法、缺点列举法、希望点列举法等。

（一）特性列举法

特性列举法是一种将创新对象的特征，包括名词特性、形容词特性和动词特性等一一列举出来，然后分析、探讨能否以更好的特性来替代，最后提出革新方案的创新思维方法。特性列举法的具体实施步骤如下。

（1）选择一个目标比较明确的分析对象，对象宜小不宜大。如果是一个比较大的分析对象，最好把它分成若干小对象。

（2）从名词、形容词和动词三个方面对对象的特性进行列举。如果觉得这样列举不易操作，就按数量特性、物理特性、化学特性、结构特性、形态特性、经济特性等进行列举。分析对象的特性应尽可能详细地列出来，并且要尽量从各个角度提出问题。

（3）分析各个特性，通过提问激发出新的创造性设想和方案。分析各个特性时，可采用智力激励法来激发创意。在上述列举的特性下尽量尝试各种可替代的特性进行置换，这样有助于产生新的设想和方案。

（4）提出新的方案并进行讨论、检核、评价，挑选出行之有效的设想来结合实际需要对对象进行改进。

小互动

特性列举法的使用

特性列举法依据的基本原理是：将事物按名词特性、形容词特性、动词特性化整为零，有利于集中精力思考创意。以烧水用的水壶为对象，使用特性列举法进行创新。例如：

整体：________________

部分：________________

材料：________________

制造方法：________________

形容词特性：________________

重量：________________

形状：________________

动词特性：________________

将这些特性分别予以研究，只要革新其中一个或几个部分，就可以使水壶整体性能改变。

（二）缺点列举法

缺点列举法是运用“吹毛求疵”的精神，尽力发掘事物的缺点，将其一一列举出来，然后对这些缺点进行归类、分析，以找出改进方案的方法。在这个过程中，缺点列举得越多越好，以便把问题彻底暴露。缺点列举法可以直接从社会需要的功能、审美、经济、实用等角度研究对象的缺点，提出切实有效的改进方案，简便易行且见效快。缺点列举法的具体实施步骤如下。

（1）列举缺点阶段。通过会议、访谈、电话调查、问卷调查、对照比较等方式，广泛调查和征集意见，尽可能多地列举事物的缺点。

（2）探讨改进方案阶段。对收集到的缺点进行归类和整理，并对每类进行分析，在此基础上提出改进方案。

小互动

改进玻璃杯

雨伞颜色单调，大多是黑色，容易拿错，所以改成多种颜色、图案；雨伞伞把太长，不易携带，改成折叠式；伞布遮住视线，容易撞到别人，改成透明塑料……发现缺点，找出克服缺点的办法，用新的方案就能创造出新的成果。请尽可能多地列举出玻璃杯的缺点，根据这些缺点列举改进方案。

（三）希望点列举法

如果说缺点列举法是寻找事物的缺点进行创新的话，那么希望点列举法就是根据人们对事物的愿望和要求进行创新的思维方法。

希望点列举法与缺点列举法的一个重要差异在于：缺点列举法一般来说是一种被动型的创新思维方法，因为缺点列举法不可能离开事物的原型来分析，但是，希望点列举法却有很大的主动性，它完全可以不受事物原型的约束，把创新者或用户希望与追求的出发点作为创新构思的基点。因此，希望点列举法是一种积极主动的创新思维方法。希望点列举法的具体实施步骤如下。

（1）通过会议、访谈、问卷等方式，激发和收集人们的希望。

（2）对大家提出的各种希望进行整理和研究，形成各种希望点。

（3）在各种希望点中选出目前可能实现的希望点进行研究，制定革新方案，创造新产品，以满足人们的希望。

五、奥斯本检核表法

奥斯本检核表法又称分项检查法，它是由美国创造学家奥斯本提出的。它以提问的方式，根据创新或解决问题的需要，列出有关问题，形成检核表，然后对问题逐个进行核对讨论，从而发掘出解决问题的大量设想。

（一）奥斯本检核表法的内容

奥斯本检核表法是通过引导主体在创造过程中对照 9 个方面的问题进行思考，以便启迪思路、开拓思维想象空间，促进人们产生新设想、新方案的方法，见表 3–1。

表 3–1 奥斯本检核表法

检核项目	含 义	示例说明
能否他用	现有事物有无其他用途，保持不变能否扩大用途，稍加改变有无别的用途	电吹风的功能是吹干头发。日本的某已婚妇女在冬天或雨天使用电吹风将婴儿尿布上的湿气吹干，有人由此产生联想，创新出了适合宾馆等单位使用的被褥烘干机
能否借用	能否引用其他的创造新设想，能否从其他领域、产品、方案中引入新的元素、材料、造型、原理、工艺、思路等	医生在治疗肾结石病人的时候，借用现代的爆破技术将炸药的分量用到只能炸碎肾脏里的结石而不影响肾脏本身的程度，创新出了医学上的微爆破技术
能否改变	现有事物能否做某些改变，如颜色、声音、味道、式样、花色、品种、意义、制造方法等，改变后效果如何	一般漏斗的下端是圆形的，用来向圆形瓶口的瓶子灌装液体，但是受瓶内空气的阻碍，液体不易流下。把漏斗的下端改成方形，插入瓶口时便留出间隙，瓶内的空气在灌液时能顺利排出而使灌液流畅了
能否扩大	现有事物能否扩大使用范围，能否增加使用功能，能否增加零部件以延长使用寿命，能否增加长度、厚度、强度、频率、速度、数量、价值等	日本某牙膏厂在牙膏中加入特殊物质，当刷牙时间超过 3 分钟时，该物质使口内牙膏由白变黑，以此提醒人们已经达到必要的刷牙时间了
能否缩小	现有事物能否体积变小、长度变短、质量变轻、厚度变薄及拆分或省略某些部分（简单化），能否浓缩化、省力化、方便化、短路化等	日本大阪西卡公司推出的超轻型老花眼镜只有 4.5 克重（相当于普通眼镜重量的 1/5），度数可调，深受人们的喜爱，上市不到 1 年就在世界 50 多个国家售出 2 000 余万副，从而以“世界上最受老人欢迎的老花眼镜”被载入《吉尼斯世界纪录大全》
能否代用	现有事物能否用其他材料、元件、结构、设备、方法、符号、声音等替代	用激光代替医生的手术刀治疗某些外科疾病，不但快捷、方便，而且病人几乎没有痛苦，也大大地减少了医生的工作量
能否调整	现有事物能否交换排列顺序、位置、时间、速度、计划、型号等，内部元件可否交换	过去的老式飞机，其螺旋桨是装在头部的，后来有人把它安装在飞机的顶部就有了直升机，把它安装在飞机的尾部就有了现代喷气式飞机
能否颠倒	现有事物能否从里外、上下、左右、前后、横竖、主次、正负、因果等相反的角度颠倒过来用	英国物理学家法拉第把“电流能够产生磁场”的原理颠倒过来，实现了“磁能生电”的设想，为世界上第一台发电机的诞生奠定了基础
能否组合	能否进行原理组合、材料组合、部件组合、形状组合、功能组合、目的组合等	现在广泛使用的多功能小型木工机床就是将平刨机、凿眼机、木工钻、木工车床等组合在一起的，它很受小型木工厂和木工的欢迎

（二）奥斯本检核表法的实施步骤

奥斯本检核表法的实施包括明确问题、检核讨论和筛选评估三大步骤。

（1）根据创新对象明确需要解决的问题。

（2）参照奥斯本检核表法列出的 9 个方面的问题，运用丰富的想象力，强制性地逐个核对、讨论，写出尽可能多的新设想。

（3）对提出的新设想进行筛选，将最有价值和创新性的设想筛选出来，根据实际需要，提出改进方案。

第三节 创新能力

创新能力是人类各种能力中的其中一种能力的诠释或代称，如果将人类的各种能力分级的话，那么创新能力是各种能力中最高级别的能力。创新能力由“创新”和“能力”两个名词共同构成，作为一个系统、综合的概念。创新能力是指各种基本能力的组合方式，这种组合方式是随着不同领域的创新活动而不同的。在如今这个竞争激烈、崇尚创新的社会，创新能力已成为每个人必备的素质之一。

一、创新能力的内涵

能力是指人们完成某种活动的具体方式，以及顺利、成功地完成某种活动所必需的个性心理特征。创新能力是在前人发现或发明的基础上通过自身的努力创造性地提出新的发现、发明或改进革新方案的能力。

创新是指人们为了一定的目的，遵循事物发展的规律，对事物的整体或其中的某些部分进行变革，从而使其得以更新与发展的活动。创新是一种变革，包括从产生新思想到产生新事物，再到将新事物推向社会，使社会受益的一系列变革活动。这些新思想、新事物可以是对某些发明产生商业化应用的新思想及新事物，也可以是根据社会实践产生的发明创造设想及其发明创造，以及进一步施行商业化运作的活动。

概括地讲，创新能力是运用知识和理论，在科学、艺术、技术和各种实践活动领域中不断提供具有经济价值、社会价值、生态价值的新思想、新理论、新方法和新发明的能力，是民族进步的灵魂，是经济竞争的核心。

小互动

木棍游戏就是按照要求，在规定的时间内用木棍摆出不同的图形，这个游戏能够很好地锻炼学生的学习能力，培养学生的创造能力。准备好 30 根长短一样的小木棍或者火柴棍，在 10 分钟内完成下列图形的摆放（任选其一），开始接受挑战吧！

（1）用 24 根木棍摆成 9 个面积相等的图形，去掉其中的 8 根，使它变成 2 个不相连的正方形。

（2）用 9 根木棍摆成 3 个独立的三角形，移动其中的 2 根，使 3 个三角形都不存在。

（3）用 12 根木棍摆成 6 个面积相同的三角形，去掉其中的 3 根，摆成 3 个面积相同的三角形。

二、创新能力的特点

（一）综合性

创新能力是在创新过程、创新活动中所体现出来的各种能力的合成。创新思维是创新能力的核心。创新思维需要一个人具备自我创新、预测角色、应变、处理信息、组织协调和语言沟通表达的能力。创新能力是这些能力的综合，每个人在这些能力的发展上存在差异，也正因为如此，才有了各行各业的创造性人才。

（二）可塑性

创新能力并不是与生俱来的，也不是固定不变的，是可以通过教育、训练、实践被不断激发培养的。创新能力不是天才的专利，人人是创新之人，处处是创新之地。环境是人的创新能力形成和提高的重要条件，环境优劣影响着个体创新能力发展的速度和水平。

（三）倍增性

大量实践证明，开发和提升人的创新能力可以创造出超出传统经济时代多倍的效益。

三、创新能力的构成

创新能力通常包括发现问题的能力、流畅的思维能力、灵活变通的能力、独立创新的能力、制定方案的能力和正确评价的能力六种基本能力。

（一）发现问题的能力

发现问题的能力是一种发现那些让人难以觉察的、隐藏在习以为常现象背后的问题的能力。其表现为人们意识到存在于周围环境中的矛盾、冲突、需求，意识到某种现象的隐蔽、未解之处，意识到寻常现象中的不寻常之处。例如，对于两块大小悬殊的石头从同一高度落下却同时落地这一现象，没有人对亚里士多德关于物体下落的速度和它的重量成正比的结论提出疑问，只有伽利略能意识到并发现这一问题的存在。这一意识促使他进行了比萨斜塔试验，实践证明了两个大小不同的铁球的下落速度与它们的重量无关，从而纠正了影响人们 2 000 多年的错误理论。

发现问题能力的前提是好奇心和怀疑。好奇心会提高人们对外界信息的敏感性，发现问题并追根溯源，提出一连串的问题。怀疑是指对权威的理论、既有的学说和传统的观念等不是简单地接受与信奉，而是持怀疑和批判的态度。

发现问题在创新活动中通常是由认知风格和工作风格来体现的。认知风格是指个人所具有的在打破心理定式与理解复杂问题的过程中表现出来的气度、能力和心理特点。工作风格是指能长时间集中努力和聚焦问题的工作态度与工作能力。

学生从自身又该如何提高创新能力呢？应把握以下几点。

（1）经常思考，多动脑筋。

（2）培养分析事物的兴趣与能力。

（3）多读书，广泛涉猎不同学科的知识，关注最前沿的研究动态，提高自身发现问题的能力。

（4）培养多样思维方式，多角度观察事物与分析问题。

（5）保持对事物的好奇心，勤于总结。

经典案例

味精的诞生

日本一名叫池田菊苗的化学教授，在家里吃菜喝汤时不觉一怔，连忙问妻子：“今天这碗汤怎么这样鲜美？”接着他用勺在碗里搅动了几下，发现汤里除了几片黄瓜以外，还有一点海带。他以科学家特有的机敏和兴趣对海带进行了详细的化学分析。经过半年时间的研究，他发现海带中含有一种物质——谷氨酸钠，并给它取了一个名字叫“味之素”（传入中国后改称“味精”）。后来他又进一步发明了以小麦、脱脂大豆为原料提取谷氨酸钠的办法，为味精的工厂化生产开拓了广阔的前景。

资料来源：https://www.doc88.com/p-95029309284.html（有改动）。

（二）流畅的思维能力

流畅的思维能力是指就某一问题情境能顺利产生多种不同的反应，给出多种解决问题的办法和方案的能力，常用“思潮如涌”“下笔如行云流水”“口若悬河”“滔滔不绝”等形容思维的流畅。思维流畅是以丰富的知识和较强的记忆力为基础的，并能够根据当前情况所得到的印象和所观察到的事物激活知识，调出大脑中储存的信息并进行创造性思维，从而提出新观点。思维流畅对创新有着重要的意义。因为形成大量设想，所以就有更大的机会产生有创新意义的想法。提出的每个设想不一定都正确，有创建性的设想也不是一下就能在头脑中形成的。但是，提出的设想越多，出现有创建性想法的机会就越大。

（三）灵活变通的能力

灵活变通的能力是指思维迅速、轻易地从一类对象转变到另一类对象的能力。它能够从某种思想转换到另一种思想，或从多角度思考问题，能用不同分类或不同方式研究问题。具有变通能力的人一般能根据客观情况的变化机智地解决问题，思维灵活，不囿于条条框框，敢于提出新观点，思想活跃。缺乏变通能力的人往往机械呆板、墨守成规，没有创新精神，思想陈旧、观点保守。创新实践证明，凡是在创新上大有作为的人大都思路开阔、妙思泉涌。因为创新需要找到不同的应用范畴或许多新的观念，越是能带来重大突破的创新，越需要借助其他领域的知识吸取外来的思想。创新需要多向思维，仅有流畅的思维能力是不够的，还需要有变通的能力。因为流畅性强调产生设想的数量，如果只是在同一类型上做出众多反应，那么就会形成思维定式。

小互动

盲人分袜

有两个盲人，各自买了两双黑袜和两双白袜，八双袜子的布质、大小完全相同，而每双袜子都有一张商标纸连着。两个盲人不小心将八双袜子混在了一起。在没有第三人帮助的情况下，他们怎样才能取回黑袜和白袜各两双呢？

（四）独立创新的能力

独立创新的能力是一种寻求不同寻常的思想和新奇独特的解决问题方法的能力，也是一种求新求异的能力。具有独立创新能力的人能想出别人想不出来的观点，看出别人看不到的问题。具有独立创新能力的人往往与他人不同，这类人独具卓识，能提出新的创见，做出新的发现，实现新的突破，具有开拓性。缺乏独立创新能力的人只会一味地模仿和盲从，只知道遵从传统习惯，每天都进行一些重复性的活动，说一些千篇一律的话。如果只依靠吸收、模仿、学习等重复的方法而不进行变革、突破，就不可能创新。

独立创新的能力是创新能力最本质、最重要的核心要素，它反映了一个人创新能力的高低。同时，独立创新的能力是人们在创新活动的各个阶段或各个领域都需要具备的最基本的能力要素，无论是在技术产品开发上，还是在生产、管理和市场开拓上，甚至在日常学习和生活中，都需要运用独立创新的能力。

小思考

2021 年 6 月 17 日 9 时 22 分，神舟十二号载人飞船在酒泉卫星发射中心成功发射，3 名航天员开启太空之旅。同日 18 时 48 分，航天员聂海胜、刘伯明、汤洪波先后进入天和核心舱，标志着中国人首次进入自己的空间站，这有什么重大意义？你如何理解国家对独立创新能力的重视？

（五）制定方案的能力

创新的设想能否实现取决于方案的制定和实施。制定方案的能力是指把一个创新的想法变成一个具体实施方案的能力。方案是为了解决特定问题、达到预期目标而采用的方法和手段。在制定方案时，首先，要明确创新目标是什么，方案是围绕着实现创新目标而制定的；其次，要分析实现这个创新目标存在的问题和困难，了解其有利因素与不利因素；再次，针对需要解决的问题选择所采用的主要方法和途径，并确定需要解决的重点与方向，主要是运用创新方法，包括类比、想象、直觉、灵感等多种形式；最后，制定方案的实施步骤。

从设想、构思、证明到具体的设计、修改、完善，需要做大量的创造性工作。创新是一项探索性工作，没有现成的方法和模式可以照搬，它不是对人类已有认识与实践的重复，而是在此基础上进行新的创造。因此，创新过程不可能是一帆风顺的，其中必然会遇到许多挫折和失败。为此，就需要拟订多套方案以备选择。

小互动

下班时间到了，米店老板有急事准备关门。这时候来了两个买米的人，一个人要买 20 千克，另一个人要买 8 千克。米店老板有一袋 25 千克的米，不够卖给两个人。店里只有一个可以量 1 千克的斗，米店老板想用最短的时间完成交易，他该把米卖给谁？

（六）正确评价的能力

正确评价的能力是指通过评审从许多方案中选择出一种方案的能力。在创新活动中需要冲破任何约束，解放思想，从而提出大量的设想、构思和方案。在多种方案中，除了个别的可能是“闪光”的设想之外，还不可避免地伴随着大量的、在技术或经济上暂不可行的设想。因此，需要通过评价选出在技术或经济上可行的、有希望获得成功的方案。如果不进行评价，则往往会造成人力、物力和财力的浪费。

评价还可以促进创新过程中方案的优化。没有正确的评价，没有正确的筛选，就无法保证得到最优或较优的创新方案。不仅在创新初期阶段要进行方案的评价，以寻求最佳方案，还要在创新完成时对创新结果进行评价，以确定创新的价值和水平。在创新过程中还要多次对活动进行评价，这样可以帮助人们寻找最佳创新方法以及为人们指明创新的方向。

创新能力是由上述基本能力组成的一个有机整体，只有在这几个基本能力协调一致时，创新能力才能得到充分发挥。具有创新能力的人不仅要具备这些能力，而且要懂得在什么时候、以何种方式有效地运用这些能力。创新就是这些能力都达到均衡和运用的过程。

实践训练

活动一　创新实践活动

每个学生根据自身的兴趣从日常生活中选择一件产品（如水龙头、台灯、雨伞、保温杯、桌子、书架等），从形状、材质、特性、价格、功用、使用方法等角度详细介绍自己所选的产品。根据所选产品，与奥斯本检核表中的问题一一核对，写出尽可能多的新设想。

活动二 头脑风暴法讨论

学生自由分组，每组使用头脑风暴法对下列问题展开讨论，并将解决方案写下来。

发生了海难，一艘游艇上有 8 名游客等待救援，可是直升机每次只能够救助 1 个人。游艇已经损坏，不断漏水。天气寒冷，海水冰冷刺骨。游客的情况如下。

（1）将军，男，69 岁，身经百战。

（2）外科医生，女，41 岁，医术高明，医德高尚。

（3）学生，男，19 岁，家境贫寒，参加过国际奥数竞赛获奖。

（4）大学教授，男，50 岁，正主持一个科学领域的项目研究。

（5）运动员，女，23 岁，奥运金牌获得者。

（6）经理人，男，35 岁，擅长管理，曾将一大型企业扭亏为盈。

（7）小学校长，男，53 岁，劳动模范，五一劳动奖章获得者。

（8）中学教师，女，47 岁，桃李满天下，教学经验丰富。

请将这 8 名游客按照营救的先后顺序进行排序。

活动三 直觉小测试

下面的小测试里有很多描述，用“是”或“否”回答，看看你是否相信直觉。

（1）我经常凭直觉做事，而且我的直觉总是很准。

（2）在做决定之前，我会关注自己的感觉。

（3）很多决定明明“很对”，但我就是不同意，因为我知道是不对的。

（4）每次冒出一个好想法，我都会去做。

（5）我经常会忽然想出一个非常有创意的点子。

（6）遇到陌生人或身处陌生的场合，我会关注自己的第一印象。

（7）直觉帮助我解决了工作和个人生活中遇到的很多问题。

（8）做决定前，我会想一想这个决定与我的直觉是否冲突。

（9）在看清下一步之前，我会不断向自己的直觉发问。

（10）我在梦中得到的启发曾帮我解决了一个难题。

（11）直觉让我能够更好地洞察别人的行为，从而更快地解决难题。

第四章 创业与创业精神

能力目标

（1）理解创业的含义，弄清狭义创业与广义创业的区别。

（2）了解蒂蒙斯、加纳等人的创业过程模型，掌握创业过程的特点。

（3）了解创业精神的本质、来源与培育。

问题思考

校园里飞翔着创业“青鸟”

在上海奉贤某职业学校的校园里，飞翔着这样一群“青鸟”，他们是中职生创业的先行者，经过学校创业孵化基地的哺育，羽翼渐丰。在这所学校里，既有原生“青鸟”，经过学校孵化区、哺育区、成长区等完整创业教育阶段进入放飞区；也有归巢“青鸟”，虽已毕业，但由于需要学校继续扶持而申请重回放飞区。

2014 届毕业生颜某就是其中的一员。上学期间，他在学校创业文化的影响下，树立了创业理想。他用功学习，不断提升自己的工作能力。2012 年，他的“官明氏潮流服饰店”成为第一批入驻创业孵化基地的项目。由于校内市场有限，2013 年，他及时转变项目，开始了校内超市的经营，赚取了创业第一桶金。为了回馈学校，他捐资 3 万元，用于资助下一期的学校创业学员。此外，从大一开始，他就利用自己的游泳特长与他人合伙经营上海惠游体育馆有限公司，并取得上海市游泳教练资格证，于 2015 年通过了上海市游泳场所负责人培训，这都为他日后的发展奠定了基础。2016 年，他创建了自己的体育品牌“顺焕”，还在浦东新区经营一家游泳馆。

资料来源：http://newsxmwb.xinmin.cn/kejiao/2017/04/05/30938988.html（有改动）。

想一想 颜某的创业事迹对你有哪些启示？中职生创业应具备哪些优势？

第一节 了解创业

创业和创新是分不开的，创新是开端，而创业实际上是创新的延续。从某一方面来说，创业是一种挑战，是针对创新延续的挑战，是对自我的挑战。创业的过程是艰苦的，但同时也是有趣的；创新的过程是复杂的，但同时也是令人兴奋的。

一、创业的含义

创业是人生过程中的一种需要，人们渴望有一份自己的事业进而实现人生的价值。但创业并非易事，只有对创业有了一定的认知，才能更好地实践创业，进而实现理想。

创业有广义和狭义之分。广义上的创业是指人类的创举活动，或带有开拓、创新并有积极意义的社会活动。它是一种思考、推理和行为方式，涉及政治、经济、军事、文化、科学、教育等很多方面，这种行为方式是机会驱动、注重方法和与领导相平衡。狭义上的创业可以定义为在经济领域，个人或团体依法登记监理企业，以营利为目的而从事有偿经营的商业活动。通常所说的创业就是指狭义上的创业。具体来讲，创业可以从以下四个方面来理解。

（1）创业是一个复杂的创造过程，它创造出某种有价值的新事物，这种新事物必须是有价值的，不仅对创业者本身有价值，而且对社会也有价值。价值属性是创业的重要社会属性，同时也是创业活动的意义所在。

（2）创业必须贡献必要的时间和大量的精力，并付出极大的努力。

（3）创业要承担必然的风险。风险可能有不同的形式，取决于创业的领域和创业团队的资源。

（4）创业将给创业者带来回报。最重要的回报可能是创业者从中获得的独立自主，以及随之而来的物质财富。

二、创业的实质

（一）创业是创造价值的过程

创业活动的创造性体现在“实现潜在价值”的创造上。创业者通过发现和识别商业机会，组织各种资源提供产品或服务的过程，就是创造价值的过程。这一过程包括创业者、商业机会、组织和资源四种要素。创业是创新的一种衍生，创新能够带来价值，可以解决具体的社会问题，使社会进步成为可能。

（二）创业是创造财富的过程

创业是创业者通过借鉴、模仿、学习他人的经验和方法，从头做起，独立、自主地进行财富的创造与积累的过程。从广义层面来看，创业包括人类一切带有开拓意义的社会变革活动；从狭义层面来看，创业专指社会上的个人或群体所开展的以创造财富为目标的社会活动。因此，创业也可以定义为：社会上的个人或群体为了改变现状、造福下一代，依靠自己的力量艰苦奋斗而创造财富的过程。

（三）创业是创建企业的过程

创业需要设立一个创业运作的实体，而这一实体就是企业组织。创业者依据所属国家及地区的有关法律、法规办理企业注册登记手续，这是创业的一个重要标志。由此看来，创业是一种创建企业的过程，这是创业与创新的一个重要区别：创业有具体实施的一个企业实体，而创新只是一种活动；创业活动包括创新，但创新并不一定就是创业活动。

综合以上的观点，创业的定义可以归纳为：创业者运用自己所掌握的知识和能力，利用现有的资源，发现和捕捉机会并由此创办企业，提供新的产品或服务，从而创造财富的过程。

小思考

如今的时代是一个创业的时代，创业行动之前，请你回想过往，思考如下问题：你对于挫折失败是什么样的反应？你是否是一个意志坚定、绝对不轻言放弃的人？你的心态是否能够支撑你面对创业的险阻？

三、创业的要素

管理学认为，企业可以看作一个由人的体系、物的体系、社会体系和组织体系组成的协作体系。因此，人的因素、物的因素、社会因素和组织因素就构成创业的要素。

（一）人的因素

人是创业活动的主体，创业离不开人。人的因素主要包括创业者，企业内、外部的人际关系等。

1. 创业者

创业者可以是一个人，也可以是一个团队。创业对于创业者来说就是一种行为。人的行为背后存在动机，而动机又是由需要引起的。有人将创业产生的动机归纳为：争取生存的需要，谋求发展的需要，获得独立的需要，赢得尊重的需要，实现自我价值的需要。可见，创业者的动机直接影响创业过程，而且创业者的价值观和信念会左右创业内容，影响企业的生存和发展。

值得注意的是，在独立经营中，并不存在什么特殊的、似乎更有利于取得成功的个性类型，这是因为：首先，创业机会无限，有些事业适合那些较为外向型的人，而有些事业适合那些善于思考、宁愿躲在幕后的人，创业者完全可以根据自己的个性加以选择；其次，个性特征并不是不可改变的，有许多优秀的创业者在他们年轻时都表现得很羞怯，他们真正需要的只是实践而已，一旦机会来临，克服了最初的羞怯后，他们的表现和业绩会令人吃惊；最后，企业并不一定是一个人单独创立的，那些最成功的企业往往是由在性格上互补的几个成员共同组成创业团队努力的结果。

经典案例

灵感触动商机

有一个名叫洛克的美国商人，有一天来到日本富士山度假，山上草木葱翠、鸟语花香，洛克感到心旷神怡，他深深地吸了一口清新的空气，忽然心血来潮：为什么不把这里的空气拿去卖呢？城里的人整天吸着混浊的空气，也该享受享受这里的空气了。

洛克是具有锐意开拓性格的人，他马上抓住这个灵感，扩展出一系列宏伟的计划。他派人对富士山的空气进行了理化分析，发现其中负离子特别丰富，这正是人们需要的“空气维生素”。洛克高兴极了，下定决心在富士山办一家富士空气罐头厂，专门生产对穷人来说简直不可思议的新产品，可是对那些日日夜夜饱受污浊空气之苦的大都市有钱人来说，一打开空气罐头冲入鼻腔的是一股股真实清新的大自然的气息，闭上眼睛便可体验到置身于山林、田野、草地的感觉，那可真是心旷神怡的享受啊！于是，洛克生产的富士空气罐头，不仅在日本市场畅销，还出口美国和欧洲呢！

资料来源：https://max.book118.com/html/2019/1011/6132054130002112.shtm（有改动）。

2. 企业人际关系

人在社会上不是孤立的个体，而是生活在与他人的关系中，需要与他人互相支撑、互相协作。创业过程中人的因素除了创业者外，还包括企业内部的人际关系。只有处理好这种关系，才能真正发挥团队的作用，形成一种合力，使有限的人力资源发挥更大的作用。

企业不是一个封闭的体系，而是一个开放的系统，它与外部的供应商、客户、当地政府和社区发生相互联系。

（二）物的因素

物的因素是创业过程中不可缺少的条件。一个生产型企业只有拥有资金、技术、原材料等资源才能生产出产品。

1. 资金

世界各国为了鼓励创业活动的开展，纷纷降低了对新企业注册资金方面的要求和限制，中国也在 1999 年将个人独资企业的注册资金降到 1 元，这只是一个象征性的标准。但是，创业所需的资金远不只是注册资金，技术（或专利）、生产设备、原材料的购买及人员的招募等都需要大量的资金。

2. 技术

对于新企业来说，技术含量的提高已经成为一种趋势。从硅谷到中关村，在新企业推出的产品中，高技术产品所占的比例越来越高。

3. 原材料和产品

对于生产型企业而言，从原材料到产品，存在一个由投入到产出的过程。

4. 生产手段

介于投入和产出之间的是一个“处理器”，对于企业而言，这个“处理器”就是生产手段，包括设备、工艺以及相关的人员。

（三）社会因素

社会因素也是协作体系的一个重要组成部分。首先，创业活动要得到社会认可。改革开放政策实施以来，创业活动得到了蓬勃发展，一个重要的原因在于社会对创业活动的认可。创业是一项高风险、高回报的活动，如果得不到社会的认可，创业活动不可能顺利进行。其次，创业要符合社会发展的要求。企业为社会提供某种产品或服务，是企业成立和生存的根本。松下幸之助曾经说过，企业需要通过事业来完成社会使命，如果事业得不到社会的认可，说明它已经没有存在的价值。

（四）组织因素

组织因素是协作体系的核心，只有通过组织的作用才能创造新的价值。人是所有的管理因素中唯一具有能动性的资源，但是这种能动性要通过组织来实现。组织因素具有以下功能。

1. 决策

决策是创业活动的一项重要职能，既包括对创业目的的规定，也包括对实现目的手段的决定。从创造价值的角度讲，对创业目的的规定显得尤为重要，因为它决定着创业活动的方向，甚至影响着企业的发展。

2. 创建组织

创业通常由一个团队来进行，因此需要对团队进行组织和管理。通过分工与协作，团队有条理地完成创业的相关活动。创建组织既包括组织结构的构建，又包括沟通体系的形成。

3. 激励员工

创业需要最大限度地发挥现有人力资源的作用，那么对参与创业者的激励就成为创业活动的一项重要内容。“人心齐，泰山移”，充分调动人的积极性能够产生一种合力，同时会增加创业团队的凝聚力。

4. 领导

美国著名管理学家巴纳德（Barnard）认为，领导的作用在于能够创造新的价值。对于创业活动而言，领导的作用没有任何其他因素能够取代。

一位美国学者归纳出以“F”开头的 9 个创业要素，并命名为“成功企业的 9 F 要素”，分别是：创办人（founder），抓住重点（focus），决策迅速（fast），机动灵活（flexible），不断创新（forever innovating），精简机构（flat），精打细算（frugal），待人友好（friendly），充满乐趣（fun）。

小互动

有两间房，一间房里有三盏灯，另一间房有控制这三盏灯的开关。这两间房是分隔开的，无任何联系。假如让你分别进入这两间房各一次，并判断出控制这三盏灯的开关，你会怎么做？

四、创业的特点

创业是一种劳动方式，要求创业者贡献时间，付出努力，承担相应的财务、精神、社会等风险，获得物质回报、个人满足以及独立自主。创业具有开创性、自主性、实践性、风险性等特点。

（一）开创性

创业所创造的是新企业、新产品和新事物。对于任何创业者来说，他从事的是一项前所未有的事业，必须从头做起，想别人不曾想到的问题，走别人没有走过的路，做前人没有做过的事。如果这项事业别人已经尝试过，他可以借鉴、模仿别人的经验和方法，但必须在别人的基础上有所创新，这就意味着创新具有开创性。

（二）自主性

创业者是自己命运的主宰，其所有的实践活动完全靠自己的自觉、自愿和自主行动来实现，这也是创业的最大好处。在创业活动中，创业者综合运用自己的资本、知识与技能，独立自主地进行产品开发、生产或提供服务，创业的项目、计划、人员、资金、场地等相关因素均由创业者自己决定。

（三）实践性

创业不是纸上谈兵，不能仅仅停留在研讨和描述的层面，实践性是创业活动的显著特征之一。只有将理论付诸实践，在科学的理论指导下进行实践操作，才能有效地创业。创业的最终目标要通过实际的操作与实践，经过社会风雨和商场竞争的洗礼来实现。

（四）风险性

创业是一个发现、创造和利用商业机会，组合生产要素并创造价值以获得商业成功的过程。虽然可以借鉴、模仿和学习前人的做法，但对于创业者来讲，仍然要面临很多的风险。创业者需要承担财务、技术、市场、精神及社会环境等多方面的风险。

小互动

洞察力也称预见力，是指一个人从多方面观察事物，从多种问题中把握其核心的能力。它迫使你去抓住问题的实质，而不只是看到外表现象。你的洞察力如何？挑战一下下面的问题吧！

有 10 筐苹果，每筐有 10 个，共 100 个。其中 9 筐中每个苹果的重量都是 1 斤，剩下的 1 筐中每个苹果的重量都是 0.9 斤，但是苹果的外表完全一样，用眼看或用手摸无法分辨。你如何用一杆普通的大秤一次就把这筐重量轻的苹果找出来呢？

五、创业的类型

人们的创业活动是多种多样的，依据不同的标准可以将创业分成不同的类型。

（一）依据创业目标进行分类

1. 自主创业

又称独立创业，是指创业者个人或创业团队主要依靠自己的资本、资源、信息、技术等创办实业。自主创业可能基于各种原因，如自己有了发明创造成果，并发现它的商业价值独立性强；不愿为别人打工；有条件创业又抓住了创业机会；受其他人自主创业成功的影响；等等。自主创业获得成功的例子不胜枚举，一些赫赫有名的企业都是创业者白手起家发展起来的。

对创业者来说，选择自主创业的道路是充满挑战的。在创业过程中，创业者的智商、情商和财商可以得到最大限度的发挥。创业者可以接触各类人物，从事各类工作，经历各种感受，而不是固定地、日复一日地从事单调乏味的工作。创业成功，可以获得大量的财富，实现更高的需求，而不是在就业和择业的循环中消磨人生。独立创业的魅力，使许多人跃跃欲试。

但是，自主创业的难度和风险较大，因为创业者往往缺乏足够的资金、经验和支持。资金需要费尽周折地筹集，经验需要在实践中积累，来自各方面的支持十分有限。在自主创业的企业中，有一部分成功了，给创业者带来成功的喜悦和成就感；而另一部分夭折了或发展缓慢，给创业者带来失败的打击和挫折感。

2. 脱胎创业

脱胎创业是公司内部的管理者从公司脱离出来，新成立一个独立企业的创业活动。脱胎创业又称母体脱离创业，这种创业者拥有创业所需的专业知识、经验和关系网络，生产同原公司产品相近的产品，或提供类似的服务。

脱胎创业的频繁程度与产品所处的生命周期和行业类型有关，脱胎创业更多发生在产品生命周期的早期和新兴行业中，因为这时产品供不应求，竞争还不激烈，市场空间很大，预示着巨大的商业机会，美国硅谷和中国中关村就有很多脱胎创业的例子。

脱胎创业成功与否与创业者筹集资金和组建团队的能力密切相关，寻求资金支持是创业者面临的最大挑战之一，因为脱离母体的创业者，往往只是某一个方面的专家，最常见的是技术专家或营销高手，他们欠缺其他方面的管理技能，这就需要组建一个高效的创业团队来各尽其职、各显其能。

3. 二次创业

二次创业是指企业内的创业。现在的大企业已经不是创业热潮中的旁观者和被动的应对者，甚至一些知名的大企业，也在积极地寻找和追逐新的有利可图的创意与商业机会，在这种情况下，就会出现所谓的二次创业。

（二）依据创业领域进行分类

依据创业领域的不同，创业可分为科技创业、贸易创业和服务创业。大力鼓励和引导创业者在科技、贸易和服务领域创业，对中国经济与发展具有重大的作用和意义。

（三）依据创业主体进行分类

依据创业活动的主体差异，创业可分为个体创业和公司创业。个体创业是指与原有组织实体不相关的个体或团队的创业行为，而公司创业是指由已有组织发起的创造、更新与创新活动。

个体创业承担风险，创业者拥有全部或大部分事业。从理论上来讲，个体创业对创业者的潜在回报是可观的，但也可能意味着一次失败导致全盘皆输。个体创业受外部环境影响较大。在创业初期，规模经济、资源有限，创新方面可以沟通的人员较少。

公司创业也需要承担风险，创业者拥有的公司的权益相对较少。公司创业对创业者的潜在回报是有限的，但公司创业具有更多的容错空间，受外部环境的影响较小。在创业初期，能够相对较快地达到规模经济，资源相对丰富，创新方面可以沟通的人员较多。

小互动

有一个农夫，他要把一只山羊、一只狼和一棵白菜运到河对岸去。只有农夫能够划船，船比较小，除农夫外每次只能运一种东西。更为棘手的问题是，如果没有农夫看着，羊会偷吃菜，狼会吃羊。你能想出一种方法，让农夫能够安全地安排它们和他自己过河吗？

六、创业过程及其理论

创业过程是指创业者发现、评估商机，并且将商机转化为企业以及创业者对新创企业进行成长管理的过程，包含创业者产生创业想法、识别创业机会、创建企业、寻求融资等一系列活动。从某种意义上讲，创业过程就是创建一个新企业的过程，像所有的有机体一样，创业企业也存在一个生命周期。换句话说，一个企业要经历从筹备到建立、起步、发展、成熟、衰退乃至灭亡的过程。

（一）创业过程的特点

创业是一项充满挑战的事业，也是一个不断探索的过程，创业过程具有发展性、系统性和学习性等特点。

1. 创业过程具有发展性

创业过程是一种生产活动，它以提供产品或服务作为活动的直接结果。创业区别于一般的生产活动，在于它的发展特性。就创业本身来讲，既可以是从无到有的创造，也可以是在现有基础上的革新，但不论是创造还是革新，创业的内涵都是一个从无到有、从弱到强、从幼稚到成熟的过程。发展性是创业过程最重要的特性，成功的创业都有快速稳健的发展过程，维持创业企业的健康发展是创业重要而基本的任务。

创业过程的发展性还在于它的增值效果，增值是生产的必然属性。没有增值，生产就没有意义；没有增值，创业过程也就没有了意义。而作为市场行为，创业必须获取利润，利润是市场法则，没有利润，企业就不能生存。在市场环境下，利润与增值是事物的现象和本质，是形式和内容的关系，但又往往不一致。利润必须以增值为基础，增值必须通过利润来体现。创业需要相关资源，资源是创业的基础，创业的直接结果是产出，产出可以是产品，也可以是服务，但都必须是有用的，或者说是有使用价值的。

2. 创业过程具有系统性

创业的实现是一个复杂的过程，创业者创立的企业是一个投入产出系统，即投入资源，产出产品或服务。创业的过程就是不断地投入资源，以连续地提供产品或服务的过程。以最小的资源获得最大的产出，使企业具有竞争力并赢利，是衡量创业活动成效的标准之一。

创业是一个系统工程，它是由多个创业要素组成的复杂系统。创业是由商机驱动、工作团队和资源三个要素保证的。创业过程始于商机而不是金钱、战略网络、团队或商业计划。在创业一开始，真正的商机要比团队的才干和能力或适宜的资源更重要。创业团体的作用就是利用自己的创造力，在模糊、不确切的环境中发现商机或者创造商机，并利用资本、市场、环境、外生因素等组织资源领导企业来实现商机的价值。商业计划的作用是提供沟通这三个要素质量和相互之间匹配并平衡状态的语言与规则。

3. 创业过程具有学习性

创业活动的模糊性、不确定性和风险性，使创业团队一开始就要注重学习，学习并掌握市场规律，学习组织协调创业资源，学习生产经营管理，学习塑造企业文化，等等。学习的目的在于提高创业团队的素质，使他们不仅有能力对机会和挑战做出反应，而且能根据这种反应的结果来调整和修正未来的思路。

成功的创业过程必然是一种不断地向社会和他人学习的过程，有作为的、与时俱进的创业团队必然是一个学习性组织。

（二）创业过程理论

有关创业过程的理论研究方面，比较著名的有蒂蒙斯（Timmons）、加纳（Gartner）等人的创业过程模型。

1. 蒂蒙斯创业过程模型

蒂蒙斯是美国创业学教育和研究的领袖人物之一，在创业管理、新企业创建、创业融资、风险投资等领域颇有建树，是世界公认的权威。1999 年，蒂蒙斯的《新企业的创建》一书出版，他提出，成功的创业活动需对创业机会、创业者及创业团队、创业资源这三个方面进行最适当的匹配，并不断进行动态平衡（见图 4–1）。

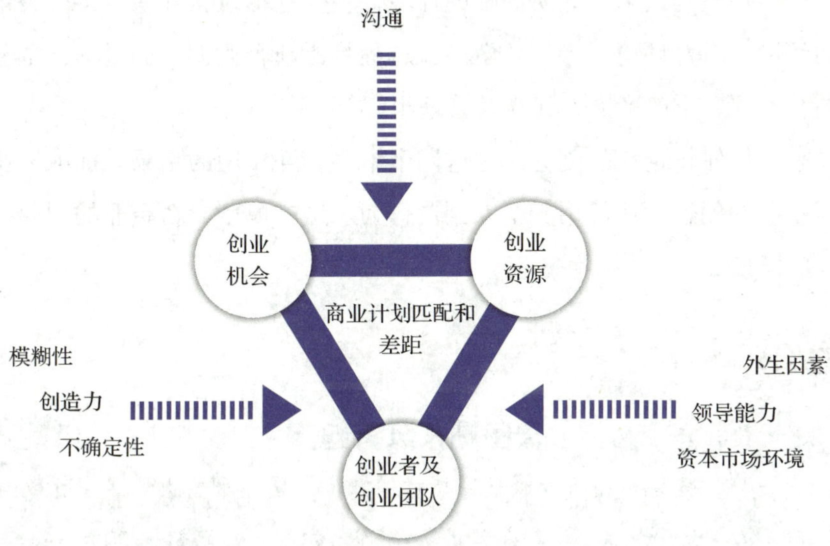

图 4–1 创业者及创业团队

（1）创业机会、创业资源和创业者及创业团队缺一不可。创业活动的发生有赖于创业者及创业团队的主观努力。创业机会是普遍存在的，但是关键要看创业者及创业团队能否有效地识别、开发这些机会。而当创业者及创业团队适时把握住机会后，仍需要相应的资金、设备等创业资源，如果资源缺乏，那么创业机会也是很难被开发的。

（2）创业过程是三个要素相互作用、动态平衡的过程。蒂蒙斯创业过程模型是一种商业模型，其中创业机会、创业资源和创业者及创业团队构成一个倒立三角形，创业者及创业团队位于这个三角形的顶部。在创业初始阶段，创业机会大但资源稀缺，三角形向左倾斜；随着企业的发展，资源增多但机会有限，再次导致不平衡。创业者必须不断寻求更好的机会，合理整合资源，促使企业不断动态调整，最终实现动态平衡。

（3）在创业过程中，创业机会是核心驱动力，创业者及创业团队是主导者，创业资源是成功保证。创业过程开始于创业机会。开始创业时，创业机会比资金、团队的才干和能力及适宜的资源更重要。在创业过程中，资源与机会间经历着一个“适应→差距→适应”的动态过程。创业团队则能够利用创造力在模糊、不确定的环境中发现、识别机会，组织资源实现创业机会的价值。

2. 加纳创业过程模型

加纳认为，新企业创业主要包括个人、组织、环境和过程四个维度。个人是指创立新企业的个人，个人需要具备一系列特质，如获取成就感的强烈意愿、善于冒险、丰富的经历等。组织是指创业者以及他们所创建新企业的类型等，这里的组织包括内部的机构以及组织战略选择等。环境是指新企业所面临的环境，主要包括技术环境、供应关系环境、政府环境、交通环境、教育环境、人口环境等。过程是指新企业创立的过程，主要包括发现商业机会、整合资源、生产产品、建立及管理组织等。

在加纳看来，任何新企业的创立都是这四个维度相互作用的结果。加纳创业过程模型不仅适用于新企业的创建，还可用于个人创业行为。这一模型为新企业的创业提出了可供参考的动态发展模型。

拓展阅读

借国潮东风再起

2019年以来，体育用品行业景气度持续攀升，是整个服装板块屈指可数的高增长赛道。李宁公司的股价也一路高歌猛进，2020年初以来涨幅超过200%。

作为本土运动品牌龙头之一，李宁历经波折而涅槃再起。一方面，公司在产品功能性及时尚性上双管齐下，着重突出本土特点与前卫时尚相融合的风格，赢得了年轻消费者的广泛热捧。另一方面，李宁又通过渠道及供应链两端积极变革提效，促使整体内部经营效率不断提升。

国货的崛起也对李宁的业绩增长倾注了力量。以新中产为代表的人们的文化自信越来越强，本土文化意识正在大规模地崛起。基于对自身民族品牌底蕴的深刻理解，李宁不断找到品牌文化的精神特色并灵活开发，通过产品品质和性价比优势不断获得消费者的青睐。

与此同时，在国家不断崛起的环境下成长起来的新一代消费者，已经渐渐成为消费市场的主角。他们开始重视自己的个性化体验而不拘泥于固有的品牌观念，更加注重产品的性价比。

自 2015 年以来，开始重视与年青一代消费者在心态和情感上产生共鸣的李宁，无疑拥有了更加得天独厚的条件，也成为国货崛起的最佳代表。

资料来源：http://www.qncye.com/gushi/chenggong/021043184.html（有改动）。

第二节 创业精神

创业精神是开创事业的思想和理念，既包括创业的需要，又包括创业的方法。创业精神是在实践活动中产生的，存在于创业者的主观世界中，作为一种精神动力，使企业在创业活动中持续创新与成长。创业精神是创业者从事创业实践、产生创业成果的主观条件，也是创造性人格所必须具备的主体要素。可以说，没有创业精神，就不会有创业行动。创业者在创业活动中勇于创新、敢担风险、团结合作、坚持不懈的行为是创业精神内涵的高度凝练。

一、创业精神的本质

创业精神的本质是创新，是创业者创造性地解决创业过程中遇到的所有问题，主要表现为变革、实践和拼搏。

1. 变革

创业就意味着创新，创新就意味着对现实的突破。创业是人们主观的、能动的实践行为，能够改变现有的环境条件，能够推陈出新。新的事业是人们通过自主变革创造出来的，没有创业，人们的生活环境就不会发生改变。新的事业成功以后会产生更多的就业岗位，为更多的人提供就业机会。

市场经济体制作为一种社会资源配置和运作的方式，最大限度地展现了人的能力，激发了人们的创造性和积极性。在市场提供的各种机遇面前，创业者应紧跟时代的步伐，把握经济运行的规律，利用机遇改造现实世界，在变革中求得发展。

2. 实践

一般来说，创业者并不是在学完了全部的创业知识后才开始创业的，而是在实践中边做边学，并不断探索。这样，创业者才能找到适合自己的创业之路。创业者只有敢于实践才能迈出创业的第一步，也只有在实践中才能感受创业体验，才能获得更多的创业知识，才能提高自身的创业技能。此外，人的自我价值也是在社会实践的创造过程中体现出来的。

3. 拼搏

拼搏是一种顽强的意志。创业者无论从事何种行业，都需要具有拼搏的创业精神。只有通过努力拼搏，创业者的创业理念才能够变成现实，创业的计划才能够变成财富。创业者创业初期，由于缺乏社会资源和经验，往往会经受很多的挫折和失败，所以就更需要有顽强拼搏的精神，这样才能最终获得成功。

对创业者来说，变革是知识的学习和再生产的基础；实践有助于对知识的理解和消化；拼搏则是积极进取、刻苦钻研的保障。因此，变革、实践和拼搏对于创业者来说，具有重要的意义。

拓展阅读

创业精神是一种综合的管理理念

霍华德·史蒂文森（Howard Stevenson）教授是哈佛商学院创业研究领域的教父，他将创业精神定义为“追寻现有资源范围以外的机遇”。

（1）“追寻”指绝对专注的态度。创业者能察觉转瞬即逝的机遇，在有限时间内展现实力，吸引外部资源。时间一分一秒过去，真金白银不断流失，因此创业者有一种紧迫感。而成熟的公司拥有稳定的资源，面临机遇时的选择更多，往往缺乏紧迫感。

（2）“机遇”指在一个或多个方面（图 4-2）有所作为。创业者完全可能兼顾这些方面，如用全新商业模式推出一款创新产品。以上列举的这些并未穷尽企业可能把握的机遇。企业仍可通过提价或灵活雇用更多销售代表提升利润，但这些手段并无新意，与创业精神无关。

图 4-2 机遇的表现

（3）“现有资源范围以外”指突破资源限制。初创企业刚起步时，创始人只能掌控现有的人力、社会和财务资源。很多创业者主张自力更生，节衣缩食，万事不求人。固然，有些新创企业可以仅凭一己之力生存下来；但为了长远发展，创始人必须设法引进生产设备、分销渠道、营运资本等外部资源。

创业者不断追求新机遇，但缺少必要的资源，因此面临四大类风险。

需求风险：消费者可能对创新产品或服务不买账。

技术风险：创新方案能否得到技术支持。

执行风险：创业者能否聚拢执行力强的团队。

财务风险：能否合理引入外部资金。创业者应承认风险存在的客观性，同时力图驾驭各种不确定性因素。

资料来源：https://www.hbrchina.org/2013-05-10/1163.html（有改动）。

二、创业精神的来源

创业精神源于创业者主观上强烈的创业意愿与兴趣。在成功价值观衡量标准、创业成功案例、就业选择、国家政策等多因素影响下，创业者会产生强烈的创业意识与动机。在这种创业意识的不断引导下，创业者通过不断赋予自己能量，让自己的潜能充分发挥出来，全身心地投入创业活动中，即使面对风险和挫折，也能不断提醒自己：要坚持不懈，持之以恒。

创业精神源于创业者对理想与价值的追求。真正的创业者并不是追求个人的财富，而是追求自己的理想。真正的创业者把创业当作自己实现人生价值的一种方式。真正的创业者看重的是创业过程，在创业过程中，实现个人价值的提升，而这种提升体现在对社会的贡献上。真正的创业者的激情来自他的事业给社会带来的积极影响。选择了创业就是选择了面对更多困难、迎接更多挑战，而创业精神就体现在战胜困难与挑战的过程中。创业者追求理想与价值的实现是创业精神的主要来源之一。

另外，创业精神来源于创业者的客观实践。创业活动是不断参与社会实践的动态过程，为了企业的生存与发展，在激烈的竞争中胜出，创业者必须不断调整、充实、提高企业经营管理策略，以适应市场的需要。企业不断发展离不开技术更新、产品更新，这种更新则源于企业领导者的意识创新。随着企业的不断发展，创业者的创业精神也会不断进步与提升，由量变累积逐步发生质的飞跃。

三、创业精神的培育

青年学生正处在成长的阶段，其心理发展尚不成熟。一些青年学生意志薄弱，怕苦怕累，承受不了困难和挫折，创业精神的培育对他们而言就显得尤为重要。青年学生创业精神的培育主要有以下三条途径。

（1）培育健康的心态。学生应通过学校、朋友、家庭等各种渠道尝试参加一些社会创业实践，体验艰苦的生活和劳动环境，感受劳动的艰辛，增强热爱劳动、热爱生活的思想意识；可通过社会实践接触更多的人、事、物，深刻地体验劳动的价值和社会意义，增强自身的社会责任感，形成尊重他人、乐于奉献的优良品德，从而强化自我管理、自我教育，增强创业意识，明确创业意义，形成积极、健康的创业心态。

（2）培养坚定的信念。要开展创业活动，学生需要具有积极进取的心理、知难而进的意志和百折不挠的精神，任何懈怠懒惰、意志薄弱、浅尝辄止都将导致创业失败。主观的意识往往见之于客观的行为，创业精神能够在实际的创业活动中体现出来。青年学生应通过社会实践活动锻炼意志力，接受挫折教育，培养吃苦耐劳的精神，发展鲜明的创业个性，发自内心地愿意创业、乐于创业；还要加强心理训练，形成良好的抵抗挫折的心理承受能力。

（3）塑造高尚的品格。创业精神的培养是从认识到实践，再从实践到认识的不断深化的过程。艰苦奋斗、无私奉献的品格和勤俭节约、清正廉洁的情操是学生培养自身创业精神的有力保证。一般来说，创业的成功除了取决于创业者的智商和情商以外，更多取决于创业者的道德操行。道德品质的培养要比知识的获取更为重要。学生应把培养创业精神作为自己内在的需要，提高自我的品质素养，在日常生活中关心、关爱他人，乐于助人，乐于奉献，沿着健康的道路发展自己的人格，做一个品德高尚的人。

实践训练

活动一 发现创业机会

以小组为单位，整合本校创业的政策条件及校园环境等信息，讨论在学校内创业的可能性，并寻找合适的创业机会。

（1）教师布置实训项目及任务，并提示相关注意事项及要点。

（2）将班级成员划分为 4 ~ 5 个小组，小组成员既可以自由组合，也可以由教师指定组合。小组人数划分视班级总人数而定，每个小组选出组长 1 名。

（3）咨询本校关于校内创业的相关规定，收集整理相关的数据（如在校教职工和学生人数等），并寻找潜在的创业机会。

（4）小组讨论结果的可行性。

活动二 了解自我

在5分钟内写出20个“我是谁”的叙述句，按照思维顺序来写，可以是词语，也可以是短语或句子。完成之后，数一数你完成了多少句子。其中有多少句子是写你优点的？有多少句子是写你缺点的？

（1）我是______________________________。

（2）我是______________________________。

（3）我是______________________________。

（4）我是______________________________。

（5）我是______________________________。

（6）我是______________________________。

（7）我是______________________________。

（8）我是______________________________。

（9）我是______________________________。

（10）我是______________________________。

（11）我是______________________________。

（12）我是______________________________。

（13）我是______________________________。

（14）我是______________________________。

（15）我是______________________________。

（16）我是______________________________。

（17）我是______________________________。

（18）我是______________________________。

（19）我是______________________________。

（20）我是______________________________。

应用篇

实践指导

第五章 创业者与创业团队

能力目标

（1）理解创业者的含义。

（2）了解创业者的类型。

（3）掌握创业者的特征。

（4）认识创业团队。

（5）掌握创业团队的管理方法。

问题思考

从唐僧团队看团队建设

唐僧团队历经九九八十一难，终于到达西天，取得真经。这是一个优秀的团队，其团队建设方面是值得我们学习和借鉴的。

唐僧是一个集领导艺术和人格魅力于一身的管理者。他忠厚正义、仁爱礼让，有坚定的信念。他虽然没有高强的武艺，时时需要人保护，却能够把桀骜不逊的孙悟空、三心二意的猪八戒、本领不高的沙僧都凝聚到一起，这需要领导艺术和人格魅力。

孙悟空是一根业务能力最强的顶梁柱。他刚正不阿，骁勇善战，在妖魔鬼怪面前敢打敢拼，毫无畏惧，一根如意金箍棒所向披靡。但是，他缺乏细致和耐心，忘记了山外有山、人外有人的古训，落得被如来佛祖压在五指山下500年的惩罚。就现代团队管理来说，孙悟空绝对是工作能力最强、业绩最突出的一根顶梁柱。

猪八戒投机圆滑却颇受师父的偏爱，当大师兄孙悟空骄傲自满、神气很足的时候，他在师父耳边扇扇风，说说坏话。当师兄被师父生气赶走的时候，又是他从中调解矛盾。在现代团队中，八戒绝对是“润滑剂”角色，在取经路上也是一个不可或缺的人物。

沙僧本领不高却任劳任怨、默默奉献，是对团队有较高忠诚度的专业技术类人才。如果一个团队里面，只有风风火火的孙悟空、圆滑赖皮的八戒，没有沙僧这样少说话、肯做事的人，那是不行的。

因此，团队建设首先必须有一个能定目标、有愿景、有必备技能、能发号施令，像唐僧这样的团队领袖；其次有技能强、执行力强、能解决问题的孙悟空；再次有沟通协调、辅佐管理的猪八戒；最后必须有任劳任怨、坚强后盾的沙僧。“唐僧团队”各成员，虽各有优缺点，但组合起来，却是一支能战斗的高绩效团队。

资料来源：https://business.sohu.com/20130410/n372202986.shtml（有改动）。

想一想 一个团队有很多成员，每个人的特长、个性、能力都不一样，针对每个人的不同特点，管理者该如何进行管理呢？

第一节 创 业 者

创业者是创业活动的主体，是具有创业意向和能力的早期创业家。在市场经济条件下，创业者一般是自然形成的，其中作为核心的个人或团队往往起着决定作用。优秀的创业者具有高度的能动性，能够在不断变化的环境中主动适应形势的变化，充分利用创业环境和资源，实现成功创业。

一、创业者的含义

目前，在理论界和企业界用得相对较多的创业者概念是把创业者看成组织、管理生意或企业并承担其风险的人。一般认为其有两个基本含义：一是企业家，指现有企业中负责经营和决策的领导人；二是创始人，指即将创办新企业或刚刚创办新企业的领导者。此外，还有一种定义是从创业者包含的范围出发，把创业者分为狭义与广义两种：狭义的创业者是指参与创业活动的核心人员，广义的创业者是指参与创业活动的全部人员。

(一) 创业者是创业活动的主体

创业者作为创业活动的主体，是新企业创建过程中的领导者、策划者和实践者，承担着新企业一系列所需履行的职能，主要体现在以下两个方面。

1. 创业者是机会的发现者

创业活动始于创业机会的发现和识别。创业者之所以能够成为创业者，就在于他是创业机会的发现者。创业者发现创业机会的过程是一个不断调整、反复权衡的过程，且由于不同创业者的个人能力、拥有资源等方面的差异，其关注的创业机会也不尽相同。

2. 创业者是创业的主要组织者

组织是管理的基本职能之一，创业者在进行创业管理的过程中，必须有效组织创业资源，才能获得创业的成功。作为整个创业活动的发起人和领导者，创业者必须对人力资源、技术资源、物质资源和财务资源等生产要素进行有效的组织与管理，这样才能使新创立的企业迅速运转起来。

小思考

你的身边（同学、家人、朋友等）有没有创业的例子？他们成功了吗？这些成功的创业者有哪些共同的特点？

(二) 创业者是早期的企业家

创业者作为早期的企业家，具备了企业家的基本职能，集中体现在以下三个方面。

1. 企业家是创新者

美籍奥地利政治经济学家熊彼特指出，企业家是企业的一种最重要、独特的生产力要素。他将企业家置于促进经济发展的高度来理解，认为经济发展的根本源泉在于创新，即实现生产要素的新组合，而进行新组合的主体就是企业家。同时，熊彼特还认为，创新是企业家对新产品、新市场、新的生产方式、新组织的开拓以及新的原材料来源的控制和调配，企业家是“创新的灵魂”，企业家就是创新者。

2. 企业家是风险承担者

爱尔兰经济学家和金融学家坎蒂隆曾经将企业家与风险承担者联系起来。美国经济学家奈特则将企业家看作风险承担者最主要的人物，他认为，厂商为了市场需求而生产，而市场需求存在不确定性，企业家就是在不确定的环境中进行决策并承担决策风险的人。冒险是企业家精神的天性，如果没有敢冒风险和承担风险的魄力，那么，个体就不可能成为企业家。

3. 企业家是资产的代理人及决策者

制度经济学派从“技术决定论”出发，认为最重要的生产要素决定社会权力转移和社会制度演进。封建时代最重要的生产力要素是土地，资本主义时代最重要的生产力要素是资本。当储蓄超过投资时，资本的决定力下降，步入后资本主义时代（现代资本主义），最重要的生产力要素变为专门的知识及与之相适应的组织形式（管理者的才能），此时理论知识成为社会核心，成为决策的依靠，权力也从资本家转向“技术阶层”，即科技人员、管理人员。英国经济学家罗纳德·科斯在《企业的性质》一文中从产权关系的角度研究企业、企业家及现代企业制度，提出了在产权关系下解决企业经营者的激励、约束、监督等问题，而根据经营权与所有权分离的产权理论，委托代理关系随之产生，企业家的角色就是资产的代理人。

上述企业家的三个基本职能，创业者在创业的过程中都要具体承担。由此可见，创业者作为创业活动的主体，其本质上还是早期的企业家。因此，创业者是机会发现者、中心签约人、主要组织者、创新者、风险承担者、资产的代理人和决策者。

企业家是创业者创业成功的代表，是创业者的终极奋斗目标，是创业者的学习对象。创业者与企业家的区别和联系主要在于：早期的企业家是创业者，但创业基本完成以后的企业家一般不再被看作创业者；同时，创业者需要伴随着新企业的成长而逐渐向真正的企业家角色转换，企业家则需要时刻保持着创业精神。

经典案例

与其追随潮流，不如另辟蹊径

19 世纪末，人们在美国加利福尼亚州发现了黄金，于是出现了淘金热。一个 17 岁的少年也想加入淘金者的队伍，可看到金子没那么好淘，而且淘金的人很野蛮，他很害怕。这时，他看到在炎热天气下干活的淘金人口渴难熬，就挖了一条沟，将远处的河水引来，经过三次过滤河水变成了清水，然后他把清水卖给淘金人喝。金子不一定能淘到，而且有一定危险，卖水却十分保险。他很快就赚到了 6 000 美元，回到家乡办起了罐头厂。这个人就是后来被称为“美国食品大王”的亚尔默。成功者往往都是有独到见解的人，他们总是从不同的角度看问题，从而能不断产生创意，发现新的需求。

资料来源：https://m.sohu.com/a/190407499_745336（有改动）。

二、创业者的类型

关于创业者的类型有多种分类标准。根据创业的相关特点，创业者可分为生产型、管理型、市场型、科技型和金融型等。

（1）生产型创业者。通过创办企业推出产品的创业者，这类创业者创办的企业大多以生产技术为主体，产品科技含量较高。

（2）管理型创业者。那些综合能力较强的创业者，他们对专业知识十分精通，而且对企业管理、运作、市场、财务等十分熟悉，能够通过各种有效的企业管理手段带动企业前进。

（3）市场型创业者。他们一个重要特点是注重市场，善于把握市场变化产生的机会。在中国从计划经济向市场经济转轨过程中，涌现出大批的市场型创业者。海尔集团总裁张瑞敏就有一句名言："三只眼睛看世界。"意思就是计划经济时期企业只要一只眼，即盯住政府就可以了；市场经济条件下的企业则需要有两只眼，一只眼盯住市场，另一只眼盯住员工；处在转型期的企业则需要具备第三只眼，也就是说除盯住市场和员工之外，还要盯住政府出台的政策。

（4）科技型创业者。他们多与高校和科研机构相关联，以高科技为依托创办企业。20世纪 80 年代之后，为了鼓励科技成果转化为生产力，中国推出了一系列鼓励高校和科研机构创办企业的措施。许多知名科技企业的前身就是原来的"校办企业"和科研机构创办的"所办企业"，如北大方正、清华同方及联想集团等。

（5）金融型创业者。即风险投资家，他们向企业提供的不仅仅是资金，更重要的是专业特长和管理经验。金融型创业者不仅参与企业的经营方针和规划的制定，还参与企业的营销战略制定、资本运营及人力资源管理。

三、创业者的特征

创业者是创业活动的核心和创业成功的关键因素，因此需要对创业者所具备的素质特征和能力特征进行研究，探索什么样的人适合做创业者。尽管成功的创业者走过的道路、所从事的行业及所做的项目都不同，创建的企业的规模也有差异，但人们却能够从他们身上发现许多相同的特征。

（一）心理特征

从成就动机理论出发，通过对成功的创业者具有的特征进行分析发现，那些具备创业心理特征的人比不具备创业心理特征的人具有更高的实施创业行为的倾向。成功的创业者一般具备以下四种心理特征。

1. 成就需要

创业者希望其创业活动获得成功，某种程度上不是为了获得社会的承认或声望，而是为了个体自我实现需要的满足。创业者希望承担决策的个人责任，在解决问题、确立目标和通过个人的能力达到某些目标时负有责任；喜欢具有一定风险的决策；对决策结果感兴趣，不喜欢单调、重复性的工作。

小思考

如果把你的精力分成 10 份，那么你的工作、娱乐、情感各占多大的比例？

2. 自信

创业者不仅要相信自己，还要相信自己正在追求的事业。这样不仅可以使创业者在失败之后振作起来，还能使其从失败中吸取教训，以增加下一次创业成功的概率。自信对创业者非常重要，创业者走的是其他人没有走过的或不敢走的路，因此，创业者只有自信才能顶住压力，坚持自己的目标，最终取得创业的成功。

3. 开放的心态

现代社会新事物层出不穷，开放的心态可以使创业者发现更多的创业机会。创业者要认识到自己的局限性和改进的必要性，意志坚定但不僵化、不拒绝改变，必要时，勇于变革和敢于承担责任。

4. 创业精神

创业精神是创业团队集体的精神状态和对事业所持的态度。创业者要发扬创业精神，没有创业精神的创业不能称为创业，更不会成功。

拓展阅读

创业者应让自己的心力不断变强大

心力是“心”的力量，是一种精神的能量。心力强大的人有永不言败、不轻言放弃的精神，有坚韧不拔的意志。他们总是不断地建立自己的目标，向着目标努力，遇到困难也不放松，时机不合等待时机，没有机遇创造机遇。

心力的来源有三种：一是天生的、遗传的或自小养成的思维方式和行为习惯，二是理性的分析，三是目标的吸引力。一般来说，心力的80%靠天生，通过后天培养和训练可以有一定程度的提高。没有人能够一直走在平路上，没有人能够一帆风顺，因此，能否睿智地看待发生的事，会不会调解自己的心态和心情非常重要。成功者都是心理调节能力强大的人，有坚强的精神和无法摧垮的心理素质，才能应对创业路上的千沟万壑。心力强大就是活得明白，能够快速调整自己的心态，一味放纵自己的情绪不但会让情绪在放纵中放大，还会影响到自己身边的人，其结果必然与你的愿望背道而驰。如果把自己的心态和心情建立在需要别人怎么对自己的前提下，别人会很累，自己的心态和心情也永远无法和谐，必然陷入永无止境的纠结之中。

资料来源：https://www.sohu.com/a/223863867_204725（有改动）。

（二）行为特征

创业者所从事的是以冒险、创新、主动行动为特征的活动，因而对其素质和能力有许多独特的要求。一般来说，成功的创业者应具有独立性、创造性、进攻性、坚韧不拔、脚踏实地、雷厉风行等行为特征。

1. 独立性

决定创业的人要很好地认识什么是真正的独立性。真正的独立性首先要做到思想上的独立，即承认专家权威的存在，但不盲从他们的建议，而是要用自己的头脑去思考他们所提出的建议是否可用。这种思想的独立性是创业者的基本素质之一。

2. 创造性

面对日益激烈的市场竞争，创业者一定要善于独辟蹊径，无论是在产品生产和包装设计上，还是在营销方式、售后服务等方面，都要有创造性，以凸显企业产品的特性，增强产品的竞争力。

3. 进攻性

创业者必须具有进攻性，勇于尝试，主动出击，充分发挥自己的主观能动性，这样才能发现并抓住稍纵即逝的市场良机。需要注意的是，创业者要善于发挥进攻性，攻击对手的弱项，但禁止把进攻性引入人际关系，否则会招致许多不必要的麻烦。

4. 坚韧不拔

创业道路上既有成功也有失败。在面临挫折与失败时，创业者要靠坚韧不拔的精神去克服困难，凭顽强的毅力去承受失败的打击。

5. 脚踏实地、雷厉风行

创业者的创业念头只有通过实际的行动才能变成现实。巴顿（Patton）曾说："一个好的计划现在就去执行要比下周执行一个完美的计划好得多。"如果创业者只有好的创业点子而没有脚踏实地的实际行动，那么，所谓创业就是一场空谈。

经典案例

从 1 个铜板到家财万贯

有这样一个年轻人，他天生聪明，对经商颇有一套，尤其擅长充分利用手里的资源。

有一天，他在路上看到了几只死去的知了，于是他捡起来卖给药店，得到了一个铜板。年轻人走出药店，又看到花匠们很辛苦地采摘鲜花，于是他就用这个铜板换来一桶水，给花匠们送过去。花匠们很感谢他，每人都送他一束花。

年轻人得到了一大束鲜花，卖给了市集上的花贩，得到了 4 个铜板。暴风在没有预兆的情况下袭击了果园，园丁们看着残枝败叶非常伤心，没有心情去收拾这个残局。年轻人知道了这一切后，对园丁说："如果这些断枝归我，我保证收拾得干干净净。"园丁答应了他的要求。

年轻人用 4 个铜板买了很多的糖果，他与一群在街头玩耍的孩子达成协议，如果孩子们能帮忙收拾残枝，把残枝堆积在果园门口，就可以得到这些糖果。孩子们高兴极了，纷纷跑去收拾残枝。

果园不远处有一家餐厅，年轻人上门去推销，把残枝卖给餐厅当柴火。餐厅老板毫不犹豫就答应了这单生意，给了年轻人 20 个铜板。

年轻人又用这 20 个铜板买了一个水缸，泡上茶，慰劳附近 400 个割草工人，割草工人很感动，说："太感谢您了！我们只会割草，无以为报，不知道您需要我们做些什么？"年轻人笑着说："举手之劳，等我需要你们帮忙的时候，我再找你们吧。"

不久，年轻人认识了一个商人，这个商人告诉他："明天有个马贩子领着400匹马进城来。"听到这话，年轻人马上去找割草工人，对他们说："今天请你们每人借我一捆草，并且在我的草卖掉之前，你们都不要卖自己的草，可以吗？"割草工人很爽快地答应了。

第二天，马贩子到了，他四处找不到草料，只好出1 000个铜板买下了年轻人的400捆草。年轻人手里的钱越来越多了，他又用这些钱做起了生意，变成了家财万贯的大富翁。

资料来源：http://blog.sina.com.cn/s/blog_5e0d9e5701014dln.html（有改动）。

（三）知识特征

如果创业者想在某一行业中脱颖而出，却没有厚实的知识基础，那么，创业活动就无从谈起。因此，创业者应该具备相应的基础知识和专业知识。

1. 创业者应具备坚实的基础知识

创业者掌握的基础知识的水平关系到创业者分析、判断和解决问题的能力和企业的发展前途。创业者应通晓的基础知识主要有政治学、人才学、组织学、行为科学、经济学、计算机应用、逻辑学、法学、会计学、统计学及心理学等。这些基础知识为创业者正确分析企业内外部的环境和自身的优势、劣势，为预测行业的发展趋势奠定了基础，是开展创业活动的必备智力条件。

2. 创业者应具备广博的专业知识

要想取得创业的成功，把企业做大做强，创业者还应具备人力资源管理、市场营销管理、财务管理、战略管理、生产管理等专业知识。这些专业知识能为新企业的正常运转、赚取利润和获得长远发展提供保障。

3. 创业者知识的更新与完善

一个人不可能同时精通上文提到的所有的知识，这就需要创业者通过组建优势互补的创业团队来实现，同时，创业者也可以通过学习来弥补知识短板。创业者学习知识的主要途径有阅读、参加学习班、与成功创业人士交流及实践等。

小思考

一颗种子充满生机地发芽时，一只雏鸟展开羽翼渐丰的翅膀时，一个梦想充满改变命运的渴望时，没什么能够阻挡它们向上的力量。你有没有创业的梦想与冲动？若有，你为此应该做哪些准备？

（四）能力特征

创业者要成功创业，需要多种能力，主要包括经营能力、领导和管理能力、人际关系处理能力、判断决策能力、风险评估能力等。

1. 经营能力

经营能力是创业成功的关键，创业者首先要做一个出色的经营者。创业成功的关键在于把创新思路及计划付诸实践，最后转化为现实，而经营能力是创业者实现创业梦想应具备的重要能力之一。

2. 领导和管理能力

一些创业者在创业的初始阶段往往孤军奋战，但这种状况不会持续很久。随着新企业的逐步发展，创业必然进入集体化运作阶段。既然企业的发展要靠团队成员的共同努力来实现，那么创业者如何领导员工共同奋斗，并做好各项事务的管理就成为企业发展的重中之重。可以说，创业者的领导和管理水平决定新企业的最终命运。

3. 人际关系处理能力

对于处于起步阶段的新企业来说，创业者在与利益相关者打交道的过程中需要具备处理各种人际关系的能力。人际关系能力在凝聚创业团队核心成员、开发新的客户方面均会发挥重要作用。

4. 判断决策能力

判断决策能力是创业必不可少的关键能力，因为这一能力能够综合反映创业者的创新能力、环境洞察力和应变力。创业者在判断决策过程中，经常需要从多方面思考问题，并不断提出解决问题的新方法；他们要提出多种备选方案，预测各种备选方案的结果，并根据当时的具体环境选出其中最适合的方案，这一过程体现了上述诸多能力的结合运用。在新企业发展的过程中，判断决策能力会影响企业的经营思路、业务方向，对新企业成长的重要性不言而喻。

5. 风险评估能力

目前，在创业中冒进现象较为普遍，很多人在进入某个领域前并没有认真评估该领域可能遇到的风险，一旦在该领域创业失败，就迫不及待地进入其他领域进行尝试，结果陷入“屡试屡败，屡败屡试”的怪圈。在创业的过程中，创业者的自信绝不能建立在无视风险的基础上，否则自信就变成了自大，会给创业带来极为不利的影响。

以上对创业者的素质要求，个体难以完全具备。这证明了组成创业团队的必要性和重要性，也说明在选择创业团队成员时，创业者要考虑其具备哪些素质，还要考虑团队成员之间是否具有互补性。

（五）身体素质

几乎所有的企业家都认为良好的身体素质是创业成功的一大前提。没有健康的体魄和充沛的精力，就不能适应创新企业外部协调和内部管理的繁重工作。创业不仅需要复杂的脑力劳动，还需要艰苦的体力劳动，在创业之初，受资金、环境等各方面条件的限制，许多事情都需要创业者亲力亲为。他们要不断思考改进经验的方法，还要为协调各种关系东奔西走，加上工作时间长，经营的风险与压力大，若无充沛的体力、旺盛的精力，必然力不从心，难以承受创业重任。

第二节 创业团队

团队是由基层人员和管理层人员组成的一个共同体，它合理利用每一个成员的知识和技能协同工作，解决问题，达到共同的目标。如果一个群体有组织、有纪律、有目标、有理想，分工明确，相互依存，就可以称作一个团队。创业团队是由两个或两个以上创业者组成的具有特定的组织功能并协同工作的创业群体。创业团队成员应有共同的创业理想，具备不同的专业知识和能力，能够形成一个优势互补的动态系统。

一、创业团队的特征

创业团队内部的角色分工各不相同，因此，创业者在组建创业团队时需要考虑团队成员具备的素质、条件和能力等。创业者只有遵循一定的原则和程序才能组建好创业团队。另外，在团队运行的过程中，创业者还必须对其进行动态的调整。一般来说，创业团队的构成要素包括目标、定位、职权、计划和人员。各要素之间相互影响、相互作用，缺一不可。

（一）创业团队有共同的价值观、统一的目标和标准

共同的价值观、统一的目标和标准是组成创业团队的前提。创业团队的每一名成员都将团队利益置于个人利益之上，会为统一的目标而奋斗，并有共同的价值观。如果没有统一的目标和共同的价值观，即使创业团队组建起来了，也无法形成合力，且缺乏战斗力。

（二）创业团队成员负有共同的责任

创业团队的成员不仅要有统一的目标和共同的价值观，还必须共同负起责任来达到目标。创业团队的成员要保持对企业长期经营的信心，充分认清在企业成功前所面临的重大挑战，不会因一时利益或困难而轻易退出。一个好的创业团队一定是其成员能共同负责任的团队。

（三）创业团队成员的才能互补

创业团队成员的才能互补是组建创业团队的必要条件。当组建起来的创业团队成员的知识、才能可以互补时，这个团队就可发挥出“1+1>2”的作用。如果创业团队成员的知识、能力不能互补，就失去了组建团队的意义，即使组成了团队，也不能发挥很好的作用，甚至会限制某些有能力的人发挥作用。一般来讲，一个优秀的创业团队应拥有一些有创新意识的人，负责公司未来的决策方向；一些有策划能力的人，负责对机遇与风险的分析；一些有执行力的人，负责具体的执行过程。

（四）创业团队成员愿为共同的目标做出奉献

愿为共同的目标做出奉献是创业团队取得成功的关键。创业团队成员除了有责任心以外，还要有甘于奉献的精神和行动。团队中成员的价值主要表现为他对团队整体价值的贡献，他愿意牺牲短期利益来换取企业长期的成功。这样的创业团队才有战斗力，才能成为新企业的核心，在共同奉献中，带领新企业前进。

二、创业团队的类型

依据创业团队的组成人员将创业团队分为星状创业团队、网状创业团队和虚拟星状创业团队。

（一）星状创业团队

星状创业团队有一个核心人物，其充当带领团队其他成员前进的引路人角色。星状创业团队的建立模式往往是核心人物先形成创业思想，而后根据其创业思想进行创业团队成员的甄选和组织。因此，在创业团队正式组建之前，核心人物应该已经就团队成员的甄选进行过详细思考和计划，最后，根据自己的谋划选择相应人员加入创业团队。这些加入创业团队的成员既可

能是核心人物以前熟悉的人，也可能是核心人物以前并不认识的人，但这些团队成员有一个共同点，即他们在新企业中更多时候扮演的是支持者的角色。星状创业团队具有以下特点。

（1）组织结构紧密，有很强的凝聚力，核心人物在团队中的行为对其他成员影响巨大。

（2）决策程序相对简洁，组织效率较高。

（3）权力过分集中于核心人物个人，大大增加了决策失误的风险。

（4）鉴于核心人物在团队中的特殊地位，如果其他团队成员和核心人物发生冲突，那么他们在冲突发生时往往处于被动地位。当冲突较为严重时，团队成员一般会选择离开团队，因而会对团队正常运作造成较大影响。

小思考

太阳微系统（Sun Microsystem）公司创业当初由维诺德·科尔斯勒（Vinod KhMla）确立了多用途开放工作站的概念。接着他找了Joy和Bechtolsheim两名软件和硬件方面的专家，以及具有实际制造经验和人际技巧的麦克·尼里（Mc Neary），组成了太阳微系统公司的创业团队。这个创业团队就是典型的星状创业团队。你平时关注我国著名企业的消息吗？你所了解的这些企业中哪些属于星状创业团队？

（二）网状创业团队

网状创业团队的成员一般在创业之前都有非常紧密的联系，如亲属、同学、战友、朋友、同事等。网状创业团队的建立一般是在这些人的交往过程中，共同认可某种创业思想，并就创业达成了一致意见，然后开始共同创业的。网状创业团队一般没有明确的核心人物，而是依据每个成员的特长自发地定位组织角色。因此，在企业初创时期，每个成员往往扮演的是协作者或者伙伴的角色。网状创业团队具有以下特点。

（1）没有确定的核心人物，组织结构较为松散。

（2）进行团队决策时，需要采取集体决策的方式，通过团队成员反复沟通和讨论达成一致意见，因此，团队的决策效率相对较低。

（3）团队中容易出现多头领导的现象，这是由团队成员在团队中地位的相似性造成的。

（4）如果团队成员之间发生冲突，一般会采取平等交流、积极应对的态度消除冲突，不会出现团队成员轻易离开的局面。但是，一旦团队成员之间的冲突升级，使得某些团队成员离开团队，就容易导致团队的解散。

小思考

微软的比尔·盖茨和童年玩伴保罗·艾伦，惠普的戴维·帕卡德和他在斯坦福大学的同学比尔·休利特等都是先相识，然后基于一些互动激发出创业点子，最后合伙创业。这就是典型的网状创业团队。关于网状创业团队，你还能举出哪些例子呢？

（三）虚拟星状创业团队

虚拟星状创业团队由网状创业团队衍生而来，是介于前两种创业团队形态之间的一种形态。在虚拟星状创业团队中，尽管有一个核心人物，但是其地位的确立是所有团队成员集体协商的结果。因此，虚拟星状创业团队的核心人物可以理解为整个团队的代言人，而不是团队主导人物，其在进行决策时必须充分考虑其他团队成员的意见，而不像星状创业团队中的核心人物那样具有绝对的权威。

三、创业团队的要素

创业团队是由少数技能互补的创业者组成的群体，该群体认同某个共同创业目标，并共同遵守某个能使他们担负责任的创业程序，在该程序下为达成高品质的创业结果合力工作，并在创业工作中相处愉快。创业团队的力量可能在某种程度上更能对创业的成功起决定性作用。创业团队的集体力量是强大的，如果团队坚强有力，那么创业就会朝着更好的方向发展；如果团队陷入问题和矛盾之中，那么也会摧毁一个创业团队，导致创业失败。因此，创业团队对创业的成功起着非常关键的作用。综合来讲，创业团队要具备以下五个要素。

1. 创业目标

目标是凝聚人心的重要手段，没有目标，团队就没有前进的方向。明确的创业目标可以引导团队成员的思想和行为，也是支撑整个团队继续发展的直接动力。

2. 创业人员

人是创业团队构成要素中最核心的要素。人力资源是创业团队内部所有创业资源中最活跃且关键的资源。创业目标必须经由创业团队成员的分工合作才能实现。例如，有人制订计划，有人具体执行计划，有人协调成员共同工作，有人监督达成目标的进度，有人评价团队最终的工作效果。创业团队的人员选择关系到新创企业在市场中的最终命运。因此，在选择创业团队人员时，必须综合权衡人员的知识、技能、经验等。

3. 职权分配

领导者具有一定的权力，是团队的核心人物，其在团队发展过程中有一定的权威性。在团队成立初期，领导者的权力是相对集中的，一般集中在一两个人手中，最多不超过三个人。但随着团队的发展，业务也在逐步增多，团队所涉及的问题都要逐一解决，管理层要逐步增加。例如，企业中公关部门有很多依托方式，在小型企业中往往附属于其他部门，如果没有太多的业务可以不专门设立。但是对于大型企业，非常有必要设立专门的公关部门，以全权负责公司的公关业务、公关宣传。这样，权力就被分散了，形成了倒金字塔式的管理模式，这种模式被很多企业使用。领导层的决策权相对集中，中层和下层的执行者则更多地发挥他们应有的作用。在团队中，各部门各负其责，在权限上也不尽相同。

4. 创业团队的定位

创业团队的定位，一方面是指确定创业团队在企业中的位置，如创业团队成员由谁决定，创业团队对谁负责，创业团队与企业中其他人的关系等；另一方面是指确定创业团队成员在团队中的位置，在创业团队中各自承担何种角色和责任，是负责计划、组织实施还是监督等，这种定位往往影响创业实体的组织形式是合伙企业还是公司制企业。

5. 创业计划

计划是为实现目标而做出的安排，是未来行动的方案，也可以把计划理解成目标实现的具体工作程序。团队必须有创业计划才能充分发挥其作用。只有认真执行计划，才会贴近目标并最终实现目标。

小互动

10人一组，每组成员手牵手站立围成一个大圈，所有人面向圆心，并且记住自己的左右手分别牵的是谁。准备好后，指导教师播放一段音乐，所有组员要松开手，随着节拍在小范围内随意走动。当音乐停止时，所有人停止走动，在不挪动位置的情况下，牵住原来左右手牵的人。最后，所有人要在不说话、不松手的情况下把形成的结打开，恢复成开始时手拉手形成的圆圈。

请问：如何才能在不松开双手的情况下解开这张乱网呢？

四、创业团队的组建过程

创业团队的组建过程是一个反复和不断调整的过程，不同类型的项目不仅团队要求不一样，组建步骤也不一样，团队成员之间的磨合同样经历一个过程。总体而言，创业团队的组建过程包括以下环节。

（一）识别创业机会

创业机会的识别是整合创业团队的起点。为了组建创业团队，创业者首先需要关注创业机会在人力资源方面的支持要素，其次在此基础上形成团队的创业目标。

随时变化的环境能给各行各业带来机遇，也能给各行各业造成威胁。创业者可通过对环境的分析，认清宏观的、微观的、行业的环境因素及其发展趋势，从创造发明、新技术、新问题和竞争中寻找创业机会，努力抓住机遇并成功创业。总体来说，创业机会的来源有以下五个方面。

（1）问题。创业的根本目的是满足顾客需求，而顾客需求没有被满足就是问题。寻找创业机会的一个重要途径是善于发现和体会自己与他人在需求方面的问题或生活中的难处。

（2）变化。创业的机会大都产生于不断变化的市场环境，环境变化了，市场需求、市场结构必然会发生变化，这就给各行各业带来商机。变化是创业机会的重要来源，人们通过这些变化常常会发现新的创业机会。变化主要包括技术变革、政治和制度变革、社会和人口变革、产业结构变革四种变革。

（3）创造发明。新产品、新服务可以更好地满足顾客需求，同时也带来了创业机会。在人类发展史上，每次重大的发明创造都引起了产业结构的重大变革，产生了无数的创业机会。

（4）竞争。如果能弥补竞争对手的缺陷和不足，竞争也能成为创业机会。

（5）新知识、新技术。新知识可以改变人们的消费观念，新技术可以进一步满足人们的需求，甚至使人们产生新的需求，进而引导其消费。

（二）制订创业计划

组建团队前，首先要清楚有哪些需要进行的工作，即制订创业计划；其次根据工作需要去配备人员。切忌在创业目标还没有确定之时，就盲目地组建团队。创业计划是在对创业目标进行具体分解的基础上，以团队的整体情况来考虑的计划。创业计划确定了不同创业阶段要达到的目标，通过逐步实现这些阶段性目标来最终实现创业目标。制订创业计划，一方面，可以进一步使自己的思路清晰，厘清影响创业成败的关键因素，同时对自身优劣势、已有的资源和继续开拓的方面都有清醒的认识；另一方面，能够让创业伙伴感受到创业者的热情，更清楚地了解创业者的想法和思路。

（三）寻找创业伙伴

创业者可以通过亲朋好友、招商洽谈会、论坛研讨会、网络新媒体等寻找创业合作伙伴。创业团队应该尽可能精简，一是为了减少人员的费用支出；二是减少协调沟通，提高反应速度。互补原则是创业团队组建的重要原则，包括知识互补、性别互补、年龄互补、阅历互补、性格互补等。值得注意的是，在知识互补方面，要充分注意结构搭配，技术、管理、营销人才缺一不可，并充分发挥个人优势。

（四）进行职权划分

创业团队成员间的职权划分必须明确，既要避免职权的重叠与交叉，也要避免因无人承担而造成工作上的疏漏。实际上，很多创业团队是基于亲戚朋友关系建立的，这能保证团队成员之间有较大的信任，在创业初期资源匮乏、企业事务繁多的情形下能给企业团结带来保证。但是随着企业进一步扩大，这种依靠亲戚朋友构建起来的团队，往往出现一些权限不明、责任不清的问题，甚至由于价值观念不同，致使企业分裂。因此，有必要进行职权划分。进行职权划分主要有书面合同法和心理默契法两种。书面合同法适用于对权益份额的确定，对各创业团队成员的权益在企业中所占的比重和规模应通过具有法律效力的书面合同予以确立。心理默契法适用于灵活安排创业团队成员应从事的具体工作、所需扮演的工作角色等。

小互动

班级全体人员参加，从1到99报数。如果有人轮到含有“7”的数字或者“7”的倍数时，不允许报数，应做出与下一个人击掌的动作，下一个人继续报数。如果有人报错数或拍错人则表演节目。

五、创业团队的内部管理

在创业团队组建成功后，最重要的就是进行创业团队的管理。良好的创业团队管理是新企业走向创业成功的基石。虽然创业团队存在一定的自身特殊性，但是对它的管理重点依然逃不出对人的管理，也就是对人力资源的管理，主要包括团队成员的岗位配置、培训开发、激励等内容。

创业团队组建成功后，创业者首先要使创业团队的理念和目标与新企业的战略、目标及文化等一致；其次在岗位评价分析及对团队成员深入了解的基础上，为团队成员安排相应职位，让团队成员根据不同的岗位要求发挥所长；最后建立合理的绩效考评体系，对团队成员进行绩效评价、激励等。具体的创业团队内部管理工作主要包含以下几个方面。

（一）创业团队精神的培养

团队成员只有对目标的认同高度一致，才能形成坚强的团队，从而团结奋进。因此，企业要有导向明确、科学合理的目标，并把经营目标、战略、经营观念融入每个团队成员的头脑中，使之成为团队成员的共识。同时，创业者必须把创业目标进行分解，使每一个部门、每一个团队成员都知道自己应承担的责任和应做出的贡献，并把每一个部门、每一个团队成员的工作与团队总目标紧密结合在一起。

1. 共同的企业价值观的培养

价值观的内化，首先在于企业领导者要以身作则、言行一致，还要不断向团队成员灌输企业价值观，同时建立、健全和完善必要的规章制度，特别是相应的激励机制和约束机制，从而对员工既有价值观的导向，又有制度化的规范。

2. 领导者自身影响力的培养

领导者是组织的核心，一个富有魅力和威望的领导者自然会把全体团队成员紧紧地团结在自己的周围。领导者的威望取决于其人格魅力、道德和思想修养，以及知识、经验、胆略、才干和能力，还取决于其是否严于律己、率先垂范、以身作则、全身心地投入事业中去，更取决于其能否公平、公正地待人，与员工同甘共苦、同舟共济等。

3. 激发参与热情

企业团队精神的形成也有赖于员工的参与。员工只有全方位参与企业的经营管理活动，把个人的命运与企业的未来捆绑在一起，才会真心实意地关心企业的发展，才会与企业结成利益共同体和命运共同体。为了激发员工的参与热情，企业领导者应鼓励员工提出合理化建议，同时可以采用股权激励机制，让员工成为股东，从而参与企业的管理。企业通过合理的激励机制，即通过建立有效的物质激励体系，可以有效减少员工给企业打短工的心理，使企业与员工之间形成荣辱与共、休戚相关的组织命运共同体。

4. 唤醒危机意识和忧患意识

危机意识和忧患意识是团队精神形成的外在客观条件。没有压力的企业是不存在的，世界 500 强每年排名的变化就说明了这一点，正如微软公司总裁比尔 · 盖茨曾说过的：“我们的公司离破产只有 18 个月。”

5. 经常性的沟通和良好的协调

沟通主要是通过信息和思想上的交流达到认识一致的活动，协调是取得行动一致的活动，两者都是形成集体的必要条件。企业的各种例会、内部刊物、有线电视、内部联网、电话、文件传递、汇报总结、非正式接触等激活了组织上下、左右各个方向的信息流动，进而促进了团队的沟通与协调。

（二）责、权、利统一的团队管理机制的建立

创业者在组建创业团队时应明确地对责、权、利进行分配，建立严格的企业管理制度。

1. 妥善处理各种权力和利益关系

（1）妥善处理创业团队内部的权力关系。在创业团队运行过程中，创业者必须明确每个团队成员适合从事何种工作，并据此让该成员承担相应的责任，以使其能力和责任的重复度最小、匹配度最高。

（2）妥善处理创业团队内部的利益关系。新企业的报酬体系不仅包括诸如股权、工资、奖金等物质报酬，还包括个人成长机会和提高相关技能等精神报酬。每个团队成员所看重的利益并不一致，这取决于其个人的价值观、奋斗目标和抱负。例如，有些人追求的是长远的资本收益，而另一些人可能只关心短期收入和职业安全。

鉴于新企业薪酬体系的重要性，加之新企业资金有限，创业者要认真研究和设计企业整个生命周期的薪酬体系，使之具有吸引力，并使薪酬水平不受贡献水平的变化和人员增加的限制，即保证按贡献付酬和不因人员增加而降低报酬水平。

2. 制定严格的规章制度

规章制度是一个组织的底线，同样，对于创业团队而言，规章制度是非常重要的，如果没有明确的规章制度来规范团队成员的行为，没有规定哪些事是符合规定可以去做的，哪些事又是明确禁止的，所有成员都随心所欲地做事，那么团队成员就难以向着同一个方向努力和前进，甚至有的团队成员会为达到某种目的而触犯法律。企业规章制度不可以生搬硬套，而应具有适度、人性化、弹性化等特点，并可根据实际情况需要灵活应变。

3. 进行适当的团队激励

每一个创业团队的管理者都希望自己的团队成员持续不断地向着既定的创业目标前进。马斯洛的需求层次理论存在着两个基本假设前提：一是人类行为是由动机引起的，动机起源于人的需求；二是人的需要是以层次的形式出现的。这两个基本假设前提说明人的行为是受人的内在、不断变动的优势需求控制的，创业者要想激励团队成员，使其产生持

久不断的工作热情，就要满足其不断变动的需求。

美国著名潜能激励大师安东尼·罗宾指出：“要想成功，你必须学会调动别人内心深处的积极性，让他们发挥潜能，你必须‘给他们的油箱加油’。”因此，创业团队的领导者需要时刻留心观察、发掘不同团队成员内心深处所隐藏的需求，选择合适的时机以满足他们当前欲望的方式进行激励，从而不断地激发团队成员的工作热情。

4. 施行合理的分权授权

现代创业团队的管理事务繁杂，涉及面广泛，创业团队的领导者会受到个人精力、知识、经验条件等多方面的限制，其所能够有效领导的下级团队的人数及范围是有一定限度的。如果创业团队的一切经营决策、组织指挥等事务都需要同一个领导者做决定，那么，即使他的能力再强，也难以胜任。为此，在对创业团队管理的过程中，创业团队的领导者应注意有效管理幅度问题，将集权与分权有机结合，不要抓住权力不放，而要有选择地授权给创业团队成员。合理的分权将有利于创业团队成员根据实际情况迅速且正确地做出决策，也有利于创业团队的领导者摆脱日常繁杂的事务，集中精力解决重大问题。同时，合理的分权也可以调动团队成员工作的积极性和主动性。

（三）创业团队风险的规避

创业团队在组建的过程中总会遇到一些问题，可能尚未组建完成时就四分五裂，也可能在组建完成初期夭折或者陷入长期的分裂冲突与争权夺利中无法自拔，即使这些问题不会摧毁一个企业，也必定会严重地损害其发展潜力，这就是所谓的创业团队溃散。当创业团队溃散达到一定程度时，它会成为创业的最大风险。

1. 创业团队的风险因素

（1）过分追求民主，没有选出创业团队的领导者。

（2）创业团队盲目自信。

（3）团队成员中个别成员有畏惧心理。

（4）创业团队成员搭配不完全合理。

（5）创业团队过于相信他人。

（6）由于性格、个性、兴趣不合，团队成员在磨合中出现问题。

（7）团队成员之间缺乏共同的创业目标、利益、思路、纲领、规则等。

（8）有些团队成员的能力不适应企业发展的需要。

（9）没有明确的利润分配方案。

2. 风险因素的规避

从管理角度来讲，创业团队风险是系统性风险，是可以控制的。因此，在组建团队后，创业者要保持创业团队的稳定性、规避团队风险，还需要注意以下几点。

（1）创业团队要有一致的创业思路和共同的目标愿景，同时要有自己的行动纲领和行为准则；团队成员认同团队将要努力的方向和目标。

（2）创业团队要有正确的理念，要坚信组织能够健康地发展下去，不要一开始就担心失败。

（3）创业团队要保证团队成员之间通畅的沟通渠道。

（4）创业团队要及时协调立据。

（5）创业团队应以法律文本的形式确定一个清晰的利润分配方案。

实践训练

活动一　发掘创业能力

为何你有创业的欲望？你真的想为自己工作吗？走上创业这条路一定要有正面的理由，更要有能满足市场需求的自信。自己创业确实让很多人实现了理想，但对另一些人而言，盲目而行往往会导致创业失败。当你确定自己适合创业后，还必须先评估一下你的创业计划是否可行。

（1）你能否用语言清晰地描述出你的创业构想？想法必须明确。你应该能用很少的文字将你的想法描述出来。根据成功者的经验，不能将想法变成自己语言的原因大概也是一个警告——你还没有仔细地思考吧！

（2）你是否真正了解你所从事的行业？许多行业都要求选用从事过该行业的人，并对其行业内的方方面面有所了解。否则，你就得花费很多时间和精力去调查诸如价格、销售、管理费用、行业标准、竞争优势等。

（3）你是否看到过别人使用过这种方法？一般来说，一些发展良好的公司的经营方法比那些特殊的想法更具有现实性。在有经验的企业家中流行这样一句名言："还没有被实施的好主意往往可能实施不了。"

（4）你的想法能否禁得起时间考验？当企业家的某项计划在未来真正得以实施时，你会感到由衷的兴奋。但过了一个星期、一个月甚至半年之后，将是什么情况，它还那么令人兴奋吗？是否已经有了完全不同的另外一个想法来代替它？

（5）你的设想是为自己还是为别人，你是否打算在今后 5 年或更长时间内全身心地投入这个计划中？

（6）你是否有一个好的关系网络？开始办企业的过程，实际上就是一个组织诸如供应商、承包商、咨询专家、雇员的过程。为了找到合适的人选，你应该有一个服务于你的个人关系网。否则，你有可能陷入不可靠的人或滥竽充数的人的队伍中。

（7）你是否明白潜在的回报是什么？每个人投资创业，其最主要的目的就是赚更多的钱。可是，在尽快致富的设想中隐含的绝不仅仅是钱。你还要考虑成就感、爱、价值感等的潜在回报。如果没有意识到这一点，那就必须重新考虑你的计划。

活动二 创造一个“外星人”

将全班学生分成不同的小组，每个小组的成员都充分发挥自己的创造力，创造出一个“外星人”。要求这个“外星人”有 7 只脚、3 只手，并能够行走数步。各小组按照任务书创造出“外星人”，并比较哪一组创造出的“外星人”速度快而且有创意，创意体现在哪里，最后由教师点评。

活动三 找优点，戴高帽

这是一项优点轰炸的游戏，必须说优点，每个学生态度要真诚，让自己努力去发现他人的长处，但不能毫无根据地吹捧。

选择合适的场地，可以是室内，也可以是室外。每组 6 人，围圈而坐。各组同时展开游戏。每个小组先请一名学生坐在圆圈中间，戴上纸糊的高帽子。其他学生轮流说出他的优点及令人欣赏之处（如性格、相貌、处世等）。每个学生都要到圆圈中间戴一次高帽。

（1）每个学生总结自己被称赞的优点。想一想哪些优点是自己以前觉察到的，哪些是自己不知道的。

（2）每个学生总结自己的感受。被人称赞时候的感受如何？要怎样去发现别人和自己的长处呢？

第六章 创业资源

能力目标

（1）认识创业资源，理解创业资源的含义。

（2）了解创业资源的类型，能有效区分各种资源。

（3）掌握创业资源的获取途径，学会有效利用身边的资源。

（4）了解什么是创业融资，掌握创业融资的原则和分类。

问题思考

牵手阿里后的“居然之家”

居然之家从来不是商业潮流的跟风者，从创始以来，它便是一个勇于尝试、不断创新的企业。1998 年，面对亚洲金融风暴的冲击，国务院发布深化城镇住房制度改革的文件，正式启动了房地产市场。居然之家创始团队的成员敏锐地嗅到了这个契机，毅然决然从央企等当时被视作“铁饭碗”的机关单位辞职，在 1999 年成立了北京居然之家投资控股集团有限公司。正如居然之家董事长汪林朋所说，在当时“只要赶上了车，就有生意做，就能成功”。

2000 年，面对家居行业的信息不对称、价格不透明与健康市场秩序的缺乏，居然之家再次做出一个大胆的举措，在业内首推“先行赔付”政策，对消费者的损失采取先赔偿后调查确认措施。2004 年，居然之家又率先推出“一个月无理由换货”制度。家居产品是家庭采购的高投入大件产品，居然之家这一系列举动无疑是给消费者吃了定心丸，以消费者利益优先的高服务水平和完善的售后权益保障体系让消费者对居然之家建立了信任，也让居然之家迅速稳固了在国内家居行业的地位。2005 年，居然之家在太原开了第一家全国分店，正式迈开其进军全国的步伐。

2007 年，居然之家再度主动破局，进行产业升级。随着国民消费实力与审美需求的提高，以及消费需求从“吃穿住行”到“娱教医养”的转型，作为消费者家居消费的第一线，居然之家意识到消费者对于家居行业开始有了更多的“软要求”，传统的家居建材商城已经不能满足消费升级的需求。居然之家果断将营销定位从家装建材领域逐渐向家庭消费生态转型，旗下家居建材零售中心、代表家装的乐屋家装和经营家居生活用品的尚屋生活馆都被整合到居然之家模式中，创造了中国第一个真正意义上的“一站式”家居购物模式。

在面对“互联网 +”的兴起对传统行业的冲击，房地产市场的逐渐饱和，以及传统零销巨头进军家居行业的挑战时，居然之家没有与同行共同抵制电商平台，而是积极探索“互联网 +”和 O2O 领域，创新销售方式。2016 年，居然之家抢先推出了融线上线下为一体的家居智能服务平台——“居然设计家”，以更好地为消费者提供便利的一站式线上家装设计及服务。正是凭借这股“敢为人先”的韧劲，居然之家从成立初经营面积不到 3 万平方米、年销售额不足 3 亿元的小型建材市场，成为在全国拥有 300 家门店、年销售额突破 750 亿元的大型商业连锁集团。从“大家居”到“大消费”，居然之家始终走在行业转型升级的前面。

2018 年 2 月，居然之家与国内最大的全生态电商巨头阿里巴巴正式牵手，成为数字化营销战略合作伙伴。这意味着居然之家不但能够得到阿里巴巴的 130 亿元投资，更能借助阿里巴巴全生态渠道丰富的数字化营销经验，为其在行业率先进行全面数字化升级提供强大赋能，活化会员与品牌资源，触达阿里巴巴 7.55 亿平台月活用户群体，使居然之家的数字化进程如虎添翼。

经过一年的深度合作，居然之家在数字化营销上已经取得了初步的成果，至 2019 年，其拥有数字化卖场 56 家、数字化商品 1 227 万件，实现了双方会员系统打通和商品数字化，实现消费者选建材、买家具的场景重构和体验升级。

为了更好地实现线上线下联动，有效地运用数字化门店与阿里庞大的流量池为居然之家线上与线下门店引流，在 2019 年天猫“6 · 18”期间，基于大数据分析下做出的业务探索，居然之家在家居行业内首次推出了同城站、3D 场景关联导购系统、居秒贷等“黑科技”营销策略。2019 年 10 月，随着“80 后”“90 后”

逐渐成为家装消费的主力军，主流消费需求呈现更加个性化、年轻化的市场态势。作为家居行业新零售领跑者的居然之家，再次发扬“敢为人先”的精神，携手天猫超级品牌日，打造属于自己品牌的“双十一”。

资料来源：http://www.aliresearch.com/ch/information/informationdetails?articleCode=21897&type=%E6%96%B0%E9%97%BB（有改动）。

想一想 居然之家从创立之初到发展壮大，是如何有效整合和利用资源的？都有哪些资源？

第一节 认识创业资源

一、创业资源的含义

资源就是任何一个主体在向社会提供产品或服务的过程中所拥有或者所能支配的能够实现自己目标的各种要素及要素组合。对于创业者来说，只要是对其创业项目和创业企业的发展有所帮助的要素，都可以归入创业资源的范畴。创业资源在整合之前，大多是零散的，需要创业者进行整合，以使这些资源发挥最大的价值。创业资源中最基本的资源是人员、资金和创业项目，除此之外还包含诸如技术支持、销售渠道、咨询机构、潜在客户甚至政府机构在内的各种各样的内容。

小思考

创业者可以利用手头的资源进行创业，你的身边有哪些可利用的创业资源？请尝试从“我是谁”“我知道什么”“我认识谁”三个方面进行思考。

二、创业资源的类型

根据创业资源的内容、控制主体、形态和利用方式等可将其分为不同的类型。

（一）按内容分类

按内容对创业资源进行分类有利于区分不同创业资源的性质和作用。从内容方面看，创业资源可以分为人力资源、信息资源、财务资源、实物资源、技术资源和组织资源。对于一般的创业者而言，成功的创业活动离不开这些资源。

1. 人力资源

人力资源是开创事业的基础，包括创业者与创业团队的知识、经验、判断力、技能等，也包括创业者本身的人际关系网络。其中，创业者自身的洞察力和领导能力是最核心的资源，直接决定了创业者能否洞察合适的创业机会，并领导其他团队成员有效地采取创业行动。人力资源大致可分为三类，即智力资源、声誉资源和社会网络。

（1）智力资源。不仅包括企业员工的学历、经验和技能，也包括员工的学习能力、创新精神和对变革的适应能力。企业员工的创新精神与主动变革能力，往往比其学历更为重要。

（2）声誉资源。指市场环境中的人群对企业及其产品的综合评价。对于新企业来说，声誉资源十分重要。企业的声誉往往是通过企业的产品及服务的质量、从业人员的工作水平及态度、对消费者的服务态度和社会承诺履行程度等方面积累起来的。

（3）社会网络。指社会成员之间因互动而形成的相对稳定的关系体系。社会网络关注的是人们之间的互动和联系，社会互动会影响人们的社会行为。社会网络作为一种重要的社会资本，同经济资本一样属于重要的创业资源。事实证明，世界各国创业团队的社会网络对其创业活动开展的路径、方式及绩效都有重大的影响。

小思考

> 丰富的创业资源是成功创办企业的重要条件。在创业初期，你认为人力资源、信息资源、财务资源、实物资源、技术资源和组织资源中，哪个资源是最关键的？为什么？

2. 信息资源

信息资源是企业生产及管理过程中所涉及的一切文件、资料、图表和数据等信息的总称。信息资源涉及企业生产和经营活动过程所产生、获取、处理、存储、传输和使用的一切信息，贯穿新企业管理的全过程。

由于市场竞争十分激烈，对于新企业来说，就更加需要丰富、及时、准确的信息，以争取到更多的其他要素资源。当创业者比其他竞争者掌握更多的信息时，就能获得更多的创业机会。

3. 财务资源

财务资源是创业所需的资金，包括现金、股票、债券等。随着市场的发展，市场竞争越来越激烈和残酷，新企业要想在激烈的市场竞争环境中生存，创业者就必须掌控充足的资金。若创业者仅有良好的创业环境以及创业机会，却缺乏资金来实施具体的项目运营，那么再好的创业环境与创业机会也无法让创业者实现创业理想。

在创业初期，财务资源主要来自创业者本人或其家庭、朋友。随着企业规模的扩大，经营记录及声誉的积累，新企业外部财务资源的筹集将变得更加容易。

4. 实物资源

实物资源是新企业在生产和管理过程中使用的有形资源，包括长期存在的生产物质条件，如土地、矿山、厂房、机器设备、运输工具等，还包括生产过程中投入的主材、辅材等原材料。实物资源是创业活动得以开展的重要条件。许多实物资源属于一次性固定成本，它们在使用中会逐渐被损耗掉，因此加强维护和保养，推动实物资源的保值增值显得特别重要。

随着市场规模的不断扩大，专业化分工程度持续深入，金融市场的效率不断提高，实物资源越来越容易通过采购等渠道获取。在这种情况下，实物资源往往难以构成既有企业竞争优势的重要来源，但对于新企业而言，实物资源是其创立的基本条件。

5. 技术资源

技术资源一般指专利权、商标权、著作权等。对于新企业来说，技术主要包括两个方面的内容：一是与解决实际问题有关的软件方面的知识，二是为解决这些实际问题而使用的设备、工具等硬件方面的知识。这两者的总和构成了一个组织的特殊资源，即技术资源。技术资源是无形且受法律保护的，是创新资源产生的结果及表现，一般与声誉资源结合在一起使用，从而提升其潜在的价值。在竞争激烈的现代社会背景下，加强开发、保护技术资源的独有性是保证新企业赢得市场的关键。企业必须对研发而生成的技术进行知识产权的保护，以免自身的利益被他人侵犯。加强技术资源开发的目的是创新企业已有的技术，研发并拥有独立知识产权的核心技术，从而占领市场，促使新企业不断发展壮大。

小思考

对于在校的学生或者刚刚毕业的学生来说，创业资源的获取还是比较困难的。没有创业资源能够创业吗？创业资源是不是越多越好呢？

6. 组织资源

组织资源是管理活动进行资源配置整合的表现形式，包括组织结构、作业流程、工作规范、质量系统等。组织资源通常指组织内部的正式管理系统，包括信息沟通、决策系统以及组织内正式和非正式的计划活动等。组织资源为企业的生产经营活动提供了坚实的保障，可随着企业规模的扩大、管理规范化程度的提升而不断积累和优化。

对于新企业来说，其组织资源还处在萌芽阶段，需要创业者不断培育和积累，并且创业者要在培育和积累的过程中使组织资源充分发挥作用。大多数新企业的失败是由于无法有效地培育、积累和运用其组织资源。

以上几种创业资源相互作用，共同构成了创业者的创业资源基础，并在很大程度上决定了创业企业的绩效，进而影响创业企业成长发展的速度。

（二）按控制主体分类

1. 外部资源

外部资源指存在于新企业外部，但可以被新企业吸引、购买并加以利用和共享的创业资源，如金融机构的资金、企业外部的优秀人才、科研机构的技术成果及现有的成功营销网络等。

2. 内部资源

内部资源是指存在于新企业内部，新企业已经掌控的创业资源，如新企业的自有资金、新企业的研发成果及新企业自有的营销网络等。

（三）按形态分类

美国学者巴尼（Barney）和霍尔（Hall）把资源分为有形资源和无形资源。

1. 有形资源

有形资源指具有固定生产能力特征的实体资产及可自由流通的金融性资产，包括财务资源、组织资源、实物资源和技术资源。

2. 无形资源

无形资源是那些根植于企业的历史、长期以来积累下来的资产。无形资源包括人力资源、创新资源等，即那些不具有实物、实体形态的资源，如企业名称、商誉、商标、专利、专有技术、营销网络、管理制度、信息资料、企业文化等。新企业在拥有有形资源如厂房、装置、设备及资金等的同时，也会拥有各种不易计算其价值的无形资源，而后者往往是创业企业核心竞争力的主要来源。

（四）按利用方式分类

创业资源按其利用方式可分为直接资源和间接资源。直接资源指企业可直接利用的资源；间接资源指需要新企业通过一定的转化才可利用的资源，如信息资源往往只有通过加工处理才能具有决策参考价值。

拓展阅读

创业资源与商业资源的关系

商业资源是在日常商业活动中由众多商业企业提供的对企业有价值的资源，包括融资、采供、营销、人力等方面的资源。创业资源与商业资源既有相同点，又有不同点。

1. 创业资源与商业资源的相同点

（1）有共同的价值作用。创业资源与商业资源都是能够为新企业所利用的有价值的资源。创业资源能够帮助企业在创业阶段快速地成长起来，而商业资源能够为新企业的发展提供必要的商务活动的支持。两者都有利于提升企业的核心竞争力，为企业的发展提供更为广阔的空间和机会。

（2）有重合的内容。创业资源与商业资源在内容上有一些重合的地方。商业资源主要是为商业企业服务提供的社会性资源，包括专业技术资源、投融资资源、原材料供应资源、产品营销资源、影响企业发展的关键人力资源、政府资源等，涵盖了场地服务、培训服务、投融资服务、人才招聘服务、专业技术服务等服务内容，这些内容属于创业资源的一部分。

2. 创业资源与商业资源的不同点

（1）资源的所有权不同。创业资源是新企业所拥有、控制的资源，商业资源是新企业外部的可供新企业利用的，但不属于新企业所有的资源。

（2）资源的稀缺性不同。新企业的竞争优势建立在其拥有具有稀缺性、独特性、难以模仿或难以替代性的创业资源的基础上，这是决定新企业在市场环境中得以生存的关键因素；而商业资源属于一种社会公共资源，为大多数商业企业服务，具有公共性和共享性。

（3）服务范围不同。创业资源是新企业的成长所必需的资源，服务于新企业的创业过程，是面向新企业的资源；而商业资源不仅为新企业提供服务，还为其他商业企业提供社会化服务，是资源提供者为了获取商业利润而向社会提供的资源，是商业化的社会资源。

三、创业资源的特征

相对于既有企业，新企业的创业资源不仅具有资源的一般特性，还具有其自身的一些特征，主要包括以下几个方面。

（一）创业资源的稀缺程度更高

创业资源的稀缺性包括两个方面的含义：一是创业资源相对于创业者的创业需求而言是稀缺的，不是说这种资源不可再生或可以耗尽，而是指这样一个普遍的现象，即在给定的时间段内，与创业活动对创业资源的需求相比，其供给量相对不足；二是新企业所拥有的与所需要的资源结构往往是不平衡的。

既有企业是由新企业逐步成长和发展起来的，伴随着企业的发展，既有企业往往会开发出较多的资源，这种开发过程所奠定的基础往往使既有企业更容易获得外界的资源；而新企业则没有既有企业那样的资源开发的积淀，因此，新企业比既有企业获取外界资源的难度更大。在一定的时空范围内，新企业资源的充裕程度、资源结构平衡程度等都将影响新企业的规模、形式、路径的选择及创业绩效。实际上，成功的创业过程也就是一个创业资源总量逐渐丰盈、结构逐渐合理的过程。

经典案例

借力修天桥

天津人都知道国际商场。它是天津市第一家上市公司，20 世纪 80 年代初期开业，其定位于引进国外最好的商品，让改革开放初期无法出国的人了解国外的一些先进产品。其准确且新颖的定位使国际商场开业后生意很红火。国际商场紧邻南京路，南京路是一条十分繁华的主干道，路对面就是滨江道繁华的商业街。在国际商场刚开业时，门口还没有过街天桥，行人穿越南京路既不方便也不安全。“这里应该修建天桥”，经过那里的人都会很自然地想到这一问题。但是，绝大多数有这种想法的人都觉得这个天桥应该由政府来修建，所以只是想想、发发牢骚就过去了。

有一天，一个年轻人也产生了“这里应该修建天桥”的想法，但他没有认为这是政府的事情，而是主动找政府商量，提出自己出钱修建过街天桥，而且不说是自己建的，希望政府批准，但前提是在修建好的天桥上挂广告牌。不花钱还让老百姓高兴，再说天桥也不注明谁出资修建，政府觉得这个建议不错，就同意了。这个年轻人拿到政府的批文后立即找可口可乐这些知名的大公司洽谈广告业务。就这样，这个年轻人从大公司那里拿到了广告的定金，并用这笔钱修建了天桥。天桥修建好了，广告牌也挂上了，年轻人从大公司那里拿到了余款，这就是他的第一桶金。

资料来源：https://www.doc88.com/p-8176875263869.html（有改动）。

（二）创业资源的外部依赖性更强

新企业创业资源稀缺，这就意味着新企业直接控制的内部资源不足。同时，相对于既有企业的管理者，创业者往往还缺乏与企业运作相关的知识、经验及能力。因此，新企业往往存在着资源稀缺和部分资源利用不充分的双重矛盾，而利用外部资源既能解决创业资源的稀缺问题，又能解决部分资源利用不充分而导致的资源结构不平衡的问题，大大降低了新企业创业的风险与成本。例如，许多创业者在创业过程中特别注意学习先进的管理经验，吸引既有企业的优秀管理人才加盟创业团队，从而快速提升创业绩效和有效地规避创业风险。

新企业利用外界资源的根本目的是解决创业资源的匮乏问题，而既有企业利用外界资源可能更多的是从扩张、竞争战略等方面考虑。因此，在日趋复杂多变的商业环境下，创业者如何创造性地获取及利用外部创业资源，对于新企业的生存与发展显得越来越重要。

（三）创业资源的个性化特征更明显

任何企业都被深深地打上了其缔造者的烙印，只不过新企业的个人特征更为明显。与既有企业相比，新企业的各种生产要素往往与创业者自身的社会网络联系在一起。例如，新企业中重要的人力资源往往是创业者的家庭或相关群体的成员，新企业的创业资金往往来自创业者自身或亲朋好友等相关群体。

四、影响创业资源获取的因素

资源是企业创业的基础，获取必要的创业资源对企业的生存至关重要，但是学生创业者获取创业资源是非常困难的。影响创业者获取创业资源的因素主要有以下五个。

（一）社会网络系统不健全

在社会网络中，关系网络影响着个体能否获取相关的资源，以及采用何种方式获取资源。社会网络的规模大小取决于凝聚在每个网络成员身上的关系数量。一般来说，某一成员身上所凝聚的关系数量越多，他在社会网络中就越重要。在创业的初始阶段，当新企业的内部资源相对短缺时，良好的社会网络能够帮助创业者获取所需的资源。学生创业者刚步入社会，还没有形成足够广泛的社会网络系统，这导致他们在创业中常常无法获取必要的创业资源。

（二）信任机制尚未形成

新企业在创业初期存在新生劣势，使其在经营中面临高度的技术和市场的不确定性。中国正经济转型时期，市场机制不完善，信息不对称，新企业通过要素市场获取资源的难度要比西方成熟市场条件下的企业高得多。同时，新企业缺少与外部购买者和供应商的良好信用记录，这往往阻碍了资源所有者对新企业的正确认识和判断，使新企业很难赢得其他企业和投资者的支持。

（三）行业经验的缺乏

行业经验是创业者所拥有的前期工作经验及行业技能，它会随着创业者转移到新的组织中。创业者先前的工作经历和创业经历对获取创业资源将产生很大的影响，拥有丰富行业经验的创业者要比那些缺乏行业经验的创业者更懂得如何获取创业资源。这是因为有先前行业经验的创业者更加了解顾客的需求偏好，熟悉行业的市场情况，懂得不同市场战略实施的有效性，并且能够掌握如何与利益相关者建立关系的技能，这些都有利于他们赢得其他企业的认可，从其他企业或投资者那里获取创业资源。

（四）创业者的领导能力不强

在企业创建初期，企业的社会网络联系尚未完善或者刚刚建立后的企业网络不稳固。这时，企业的资源获取在相当大的程度上依赖于创业者的领导能力，如创业者的内部领导能力和外部协调能力等。在企业内部，创业者发挥其卓越的领导才华可以调动创业团队成员的积极性，鼓励成员为企业的发展带来更多的创业资源。在企业外部，创业者能够与其他供应商、分销商协调一致，共同协作，从外部争取更多的资金和物质方面的资源支持。领导能力强的创业者会运用合理的管理手段和协调技能，迅速补充企业的创业资源。如果创业者的领导能力不强，就会阻碍企业对创业资源的获取。

（五）缺少互惠合作的企业机制

互惠合作机制的构筑能够形成多种渠道，有利于新企业的资源获取，新企业应善于与其他企业建立合作的机制，积极参与其中。在合作中，企业之间能够以比较低的成本获取创业资源，彼此可以利用对方企业的资源结识更多的企业。当合作的企业不断增加时，创业资源获取的渠道便随之扩大。在其他条件不变的情况下，建立新的合作关系，新的企业加入能够帮助企业获得新的资源。善于构筑互惠合作机制的企业，其创业资源获取的能力会更强，得到成功的机会更多；反之，企业则难以获得创业资源。

五、创业资源的获取途径

资源获取是企业生存与发展的必要步骤，创业资源获取的途径主要有自有资源、内部积累、外部协作、资源购买、无形资源吸引及社会网络等。

（一）自有资源

自有资源是创业者自身所拥有的可用于创业的资源，如自有资金、自己掌握的技术、自己获得的机会信息、自己创建的营销网络、自我管理才能等。企业创立之初，创业资源的获取渠道大多以自有资源为主。

（二）内部积累

内部积累是指利用现有资源在企业内部经过培育后所形成的资源，包括自建企业的厂房、装置、设备，在企业内部开发的新技术，通过培训提升员工的技能和丰富知识，通过企业自我积累获取资金，等等。

（三）外部协作

企业的创新和成长需要消耗大量的资源，一般来说，新企业实力非常弱小，资源有限，因此，企业可以从外部环境中获取资源。例如，新企业通过与供应商、经销商及消费者之间的交流或合作获取物质、技术、信息等资源；通过同行业企业为新企业提供技术，并提升技术的标准化；通过外部市场的调查研究发现消费者的需求缺口，获得更多商机；等等。

（四）资源购买

资源购买主要是利用资金通过市场购入所需要的资源，包括购买厂房、装置、设备等物质资源，购买专利和技术，聘请有经验的员工，等等。例如，新企业可以购买他人的成熟技术，对技术市场寿命进行分析，然后通过后续的完善和开发，使技术达到商业化的要求。此外，企业还可以通过股权收购或资产收购的方式将企业外部资源内部化。资源购买的前提是所购入的资源与企业原有的资源具有高度的关联度。

（五）无形资源吸引

无形资源吸引是指借助新企业、创业者、创业团队的形象魅力和声誉，通过无形资源的吸引作用，向外部展示新企业的商业计划、阐述新企业的美好前景，利用创业者或创业团队的形象和威信获得厂房、装置、设备，获得专利、技术，吸引有行业经验的员工，获得资金资助，等等。

（六）社会网络

在创业者自有资源有限的情况下，社会网络就成为获取所需资源的重要途径。创业者利用其以社会关系网络形式存在的社会资本来获取创业资源，一方面可以绕过难以获得借贷资本与风险投资的障碍；另一方面大大简化了融资的程序，缩短了融资时间，降低了交易成本。通常，处于创立初期的企业在实力和声望等方面都较为薄弱，很难通过传统的市场关系获取自身所需要的资源。因此，新企业会倾向于利用自身的社会关系网络获取相关资源，用以弥补通过市场关系获取资源的不足。社会网络作为介于企业和市场之间的一种资源配置方式，在获取资源方面起到了决定性的作用。

第二节 创业资源的开发与利用

一、创业资源的开发

在市场竞争中，企业的优势不仅源于独特的资源，也源于对这些资源的合理开发。企业合理地对资源进行开发能够为顾客创造更大的价值，也能为企业带来财富。因此，新企业应善于开发不同类型的资源，将创业资源转化为企业的绩效，实现价值创造的功能。

（一）人力资源的开发

企业一般应有善于管理、决策果断、勇于开拓的管理者，精于核算与理财的会计人员，喜欢交际、会公关的销售人员，具有过硬的技术、擅长研发的技术人员，从事外向型经济的专业人员。要拥有这样一批高素质的员工，企业应根据发展的需要，制定一套人力资源规划方案，以人才战略作为企业发展的重点。人力资源的开发有两种方式：一种是在企业内部培养，另一种是从企业外部引进。

1. 在企业内部培养

在企业内部培养人才可以提升员工的相关专业技能，同时能够激发员工的工作积极性。一般来说，企业内部可以开设专业培训讲座，有目的地让员工获得更多的岗位知识；也可以通过岗位变换的方式，让员工在不同的工作岗位上得到实际的锻炼，提高员工素质。此外，企业还可以进一步完善激励机制，从精神上、物质上激发员工的最大潜能，使人力资源得到充分的开发。

2. 从企业外部引进

企业内部人才培养的周期一般较长，见效较慢，因此除企业内部培养、委托培养外，还可以通过外部的人才市场招聘，引进中、高级的专业人才，以及中、高级技工。企业可以利用吸引人的薪酬制度求才，用事业发展吸纳高科技人才，用各种奖励和激励制度留住骨干。

小互动

有以下几种人，假如让你来安排他们的工作，你会如何让他们“人尽其才”呢？

（1）点子多，但不听话。这种人适合从事__________工作。

（2）踏实，但没创意。这种人适合从事__________工作。

（3）听话，但没原则。这种人适合从事__________工作。

（4）能力强，但不善于合作。这种人适合从事__________工作。

（二）社会资本的开发

企业的社会资本和物质资本、人力资源一样，既有先天的成分，也有后天的获致性的特点。随着经济活动的频繁开展，人们后天获致性的社会关系在企业日常运作中日益凸显。企业应该利用好自己所控制的显在的和潜在的社会网络，并加以开发，这有利于实现企业的经营目标。社会资本的开发能够派生出其他多种创业资源，具体的开发途径如下。

1. 长期投资

社会资本的形成需要花很多时间和精力，是一种长期投资。企业在日常工作中要注意社会资本的积累，不要等到有需要帮忙的事情时才去找别人。此外，在业务往来过程中，企业要注意积累可能的客户资源，开发社会资本。

2. 经常维护与开拓

社会资本可以通过合作、交流、拜访、帮助等进行维护。只有经常维护，社会资本才会不断巩固，企业才会不断地开拓出新的社会资本。

3. 充分利用社会网络关系

社会网络关系具有辐射性，每个人一生中所认识的人，包括老师、同学、亲戚、同事、朋友、客户等，是非常有限的，因此，创业者应该好好珍惜，并充分利用现有的社会网络关系。

（三）技术资源的开发

技术是决定产品市场竞争力和获利能力的关键要素，如美国的微软公司和苹果公司在创业初期资本都不过几千美元，团队成员也只有几人，它们能够发展壮大并取得成功依靠的就是其独特的技术资源。成功的企业要有好的产品，好的产品必须达到专业化、专一化，且技术上在同行业领域一直领先。

要开发技术资源首先就要对其进行整合，既要整合企业内部的技术资源，还要吸收企业外部的有价值的技术资源。技术资源整合的目的是对技术不断创新，通过技术的开发，自主研制新的产品，获取自主的知识产权，使企业在市场中保持技术领先地位。

小思考

> 你在学校中有哪些可以开发的创业资源？如何充分地对这些资源进行开发呢？

（四）资金资源的开发

资金资源的开发为的是解决企业资金来源的问题，在新企业的发展过程中主要体现为选择新的战略投资者加入。由于新的投资者自身具有一些基本情况，如资质状况、业绩成效等，他们的加入必定带来新的资金来源，同时还会为企业带来其他资源，如政府关系、行业资历、市场驱动力、营销支持等。新企业在选择战略投资者时要考虑他们是否与企业当前所处阶段的发展目标相吻合，能否提供其他增值服务；要结合创业项目的发展空间、经营计划，确定新投资者的出资数额与股份比例，明确投资者的人员构成及各方所担任的职务，做好风险的控制等。

（五）信息资源的开发

由于企业的外部环境在不断地变化，所以企业必须掌握及时、准确的信息，预测和分析环境的变化，进而进行科学合理的决策。信息资源的开发有利于企业抓住难得的成功机会，争取更多的生产要素资源，为创业者研发、采购、生产、销售的决策提供参考。

1. 企业内部信息资源的开发

企业要管理好内部的信息资源，就需要对信息资源进行规划，建立企业信息资源管理标准，建立集成化信息系统的功能模型、数据模型和结构模型，实施系统化的企业信息化解决方案，在企业内部建立高效率、高水平的现代信息网络系统。

2. 企业外部信息资源的开发

企业外部及时、有效的信息是新企业健康、快速发展的重要保障。创业活动需要相应的政策扶持和行业指导，只有在政策允许和鼓励的条件下，企业才能获得更多的国内外人才、海内外投资、各种服务与优惠等。企业充分开发外部信息资源，享受政府的扶持，得到行业的帮助，可以使创业活动少走弯路，达到事半功倍之效。

企业应安排专人负责收集有关政策信息、行业动态，掌握行业内各种关系网，如竞争对手、供应商、经销商、管理部门等。通过信息资源开发，企业能够与大客户合作，并能够在第一时间了解客户的需求。此外，创业者对于科技研发机构、行业协会、行业展会、专业书刊等资源都需要加以关注和开发，发掘其价值，为企业的成长服务。

二、创业资源的利用

资源是企业构建竞争优势的重要基础，在企业创建之初，企业所拥有的各种资源都是非常匮乏的，新企业应该在资源有限的约束下，通过创造性地培养独特的能力，对现有资源加以有效利用。在创业过程中，在不同的情况下，有限的资源都可以被创造性地利用。

（一）人力资源与社会资本的利用

初创时期，新企业面临的创业机会很多，但所拥有的资源却相对不足。在这种情况下，新企业应该发挥团队的作用，利用团队的力量充分协调创业机会与创业资源之间的关系。在企业没有完成注册登记、产品营销模式还没有确定下来、创业资金还没落实的情况下，广泛而有效的社会关系将成为企业创立的有力工具。创业者需要调动自己社会资本中的一切有利因素，活用社会资本，顺利完成注册登记，并为企业筹集足够的资金。社会资本的公共特性和互惠特性使创业者在使用有形物质资源的同时，可以创造性地开发并使用一种新的资源，即社会关系网络资源。这些资源是可以共生和再生的，可以成为共享资源，而且这种资源不会因为人们的使用而减少。

企业在内部无法拥有所需的资源时，从外部获取资源就显得十分必要，尤其是在企业的创立和早期成长阶段。企业并不需要所有资源，而是要拥有资源的使用权。通过各种各样的关系与其他社会成员发生联系，构成一个连环交错的社会网络，能够为企业接触并控制外部资源提供一个很好的途径。

（二）利用初始资源撬动其他资源

初始资源是指企业在初创时所拥有的特定资源和能力的总和。初始资源具有一定的价值性、稀缺性、难以模仿性等特点。初始资源可以是资金资源、物质资源、技术资源、个人信誉资源、人力资源等。初始资源可以作为工具性资源用以获取企业所需的其他资源。

创业者需要利用自身具备的初始资源与其他合作者、供应者、顾客等建立联系，运用初始资源开发其他资源。新企业可以在初始资源的基础上构建新的社会网络关系以获取新的资源。例如，企业与科研机构、金融机构、中介机构、关联企业等建立良好的网络联系，获取新企业所需要的资源；通过组织网络，企业能够从大学及其他科研机构获得核心人力资源、技术资源及有价值的商业性科技成果，从金融机构获得资金资源，从中介机构获得廉价的人力及物质资源；从而能够节省从外部购买的成本，也能够节省搜寻资源的时间。

（三）企业能力与资源的结合

资源利用是指企业经过资源整合过程形成独特的能力结构，将企业的外部资源与内部资源进行有效的组合和配置，以形成企业的战略，最终为企业创造价值。有限资源的创造性利用包括两个方面：一方面是创业者或创业团队利用个人资源禀赋获取外部资源，从而创造价值；另一方面是创业者或创业团队利用已整合的资源获取外部资源并创造价值。

因此，企业能力的发挥与企业的资源分不开，能力需要与资源进行互动。能力作用于资源，资源要与能力相适应，达到相辅相成的效果。在有限的资源条件下，企业应分析当前拥有哪些能力，如何利用自身的能力抓住市场机会，如何制定发展战略，如何对现有的资源加以利用。发挥能力的过程也就是高效地利用有限资源的过程，能力越大，就越能充分地将资源的潜在价值挖掘出来，实现有限资源的创造性利用。

能力发挥的重点在资源的有效利用上，如果资源不能被有效地利用，就会逐步散失。新企业在内部通过能力的整合，能够让企业的最大能力与资源的最大功效结合在一起，凭借市场的利好机会，为企业发展赢得一个又一个胜利。

（四）对异质性资源的利用

主要是利用资源的差异性和互补性，充分发挥整体资源的优势作用。拥有异质性资源是企业形成竞争优势、创造价值的一个必要条件。研究发现，最优资源组合的构建取决于创业者对各类型资源的整合与重组，企业拥有的异质性资源越多，资源整合的作用越大。

（五）有效的资源整合

面对有限的创业资源，企业可以采用不同的资源整合方式，结合创业团队的资源情况，分析企业资源储备的规模，提出吸纳外界资源的方案，积极地寻找和整合所有能够利用的内部资源和外部资源，发挥资源的最大效用。在创业过程中，创业者应定期考察创业资源的情况，并及时加以整合。对于经常出现的人力资源短缺现象，企业可以采取“以老带新”的方式来保持人员梯队，对于新加入的人员，可以先进行短期专项培训，然后在参与项目运作中不断加以辅导，使他们在实践中成长。

资源有限的新企业更加迫切需要对资源进行有效的整合，在技术不断变革、环境不断变化的条件下，提高资源整合效率已经成为形成企业竞争优势的重要来源。企业资源整合效率不同是企业拥有相似资源而产出却有较大差异的主要原因。

第三节　寻找创业融资

一、创业融资的含义

创业融资是指创业者根据自身资金拥有的状况及公司未来经营发展的需要，通过科学的预测和决策，采用一定的方式，通过一定的渠道在融资市场上筹措或贷放资金，组织资金的供应，以保证创业公司正常生产、经营管理活动需要的理财行为。

创业融资是每个创业者的必由之路，对创业公司未来的潜力与规模也有一定的影响，却也是不少创业者梦想的破碎之路。创业融资是创业管理的关键内容，它在企业成长和发展的不同阶段具有不同的侧重点和要求。学生创业者在筹集创业资本的过程中对市场信息不了解、对创业发展不确定、自身经验不足都是造成创业融资难现象的因素。

二、创业融资的原则

（一）及时性原则

在融资方面，创业者首先要注意的就是及时性原则。在创业的过程中，由于创业时机窗口从打开到关闭时间往往非常短，如果创业者没有及时筹措到资金，以展开生产、抓住市场机遇，创业机会就会被其他创业者抓住。因此，为了保证新创企业能够正常运转，并且及时应对发展需要，创业者应及时获取与企业发展相匹配的资金，甚至提前做好准备，以免错过机会。

（二）效益性原则

融资是为了使企业拥有必要的营运资金，并且能够在未来的发展中获得收益。因此，在进行融资活动时，创业者应当权衡资金筹措的成本和所能带来的效益。为了获取资金，新创企业总是要付出一定的成本，这些成本包括融资中涉及的抵押、担保等，甚至是企业的控制权。如果资金吸纳进来后所产生的效益不能大于投资成本，就应当放弃这种融资方式。效益性原则要求创业者能够运用相应的财务知识研究各种融资方式的优点、缺点，并确定最优的融资组合，以降低融资成本。

（三）合法性原则

合法性原则是从法律层面对新创企业融资活动的限定。创业企业的融资活动要遵守国家的相关法律、法规，依法履行约定的责任，维护利益相关主体的权益，避免出现非法融资行为。

(四)低风险性原则

创业者在制订创业计划时就要考虑各种融资方式的风险。创业者在确定不同发展阶段的融资方式时首先要考虑采用风险小、不确定性小的融资方式，而将风险较大、不确定性较大的融资方式作为备用方式；融资策略要与企业的经营战略一致，避免资金管理失控而导致财务状况恶化。

三、创业融资的分类

随着社会的发展，融资体制日趋成熟，融资的方式也呈现出多样化的趋势。针对此类情况，创业者需要进行比较，并确定适合自己的融资种类。创业融资可分为内源融资和外源融资，也可分为直接融资和间接融资，还可分为债权融资和股权融资。

(一)内源融资和外源融资

1. 内源融资

内源融资是一种通过挖掘企业内部资源以解决资金不足问题的方式。具体包括三种形式，即资本金、折旧基金转化为重置投资；留存收益转化为新增投资；在通货膨胀率不高、租用条件优惠的情况下，企业应租用资产而不是自己购买资产。租用资产能最大限度地保证企业的现金流，这一点在企业创立初期是非常重要的。

2. 外源融资

外源融资是指通过企业外部获取资金的方式。它是吸收其他经济主体的储蓄，使之转化为自己的投资，主要有银行贷款、股权融资、租赁融资、商业信用、开发银行贷款和非正规金融机构借贷六种来源。

相对于外源融资，内源融资可以减少信息不对称问题及与此相关的激励问题，节约企业的交易费用，降低融资成本，也可以增强企业的剩余控制权。内源融资在企业的生产经营和发展壮大中的作用是相当重要的。但是，内源融资能力及其增长要受到企业的盈利能力、净资产规模和未来收益预期等方面的制约。现实中的资金供求矛盾总是存在的，并推动着外源融资的发展。任何企业在创业发展过程中都会遇到确定内源融资与外源融资合理比例的问题。内源融资不需要实际对外支付利息或股息，不会减少企业的现金流量。同时，由于资金源于企业内部，不发生融资费用，所以内源融资的成本远低于外源融资。因此，内源融资是企业首选的融资方式。

小思考

每个毕业生都会面临创业或者就业的选择。你将来会选择哪一种？如果你决定创业，你会选择哪类组织形式的企业？你会从事哪种行业？你会如何设计融资渠道？

（二）直接融资和间接融资

直接融资是指企业作为资金需求者向资金供给者直接融通资金的方式，一般指发行股票和债券等；间接融资是指企业通过金融中介机构间接向资金供给者融通资金的方式，一般指向银行或非银行金融机构贷款等。

1. 直接融资

直接融资没有金融中介机构介入，直接由资金的供求双方签订协议或在金融市场上由资金供给者直接购买资金需求者发行的有价证券，使资金需求者能获得所需的资金。直接融资主要有以下四种类型。

（1）商业信用。企业与企业之间互相提供的、与商品交易有直接联系的资金融通形式。其主要表现为两类：一类是提供商品的商业信用，如企业间的商品赊销、分期付款等，这类信用主要通过提供商品实现资金融通；另一类是提供货币的商业信用，如在商品交易的基础上发生的预付定金、预付货款等，这类信用主要是提供与商品交易有关的货币，以实现资金融通。

（2）国家信用。以国家为主体的资金融通活动。其主要表现形式为国家通过发行政府债券来筹措资金，如发行国库券或公债等。

（3）消费信用。企业、金融机构以商品或货币形式为个人提供的信用，包括企业以分期付款的形式向消费者个人提供房屋或高档耐用消费品，或金融机构对消费者提供的住房贷款、汽车贷款、助学贷款等。

（4）民间个人信用。民间个人之间的资金融通活动。

2. 间接融资

间接融资是指拥有暂时闲置货币资金的单位通过存款的形式或购买银行、信托公司、保险公司等金融中介机构发行的有价证券，将其暂时闲置的资金先行提供给这些金融中介机构，然后由这些金融机构以贷款、贴现等形式，或通过购买需要资金的单位发行的有价证券，把资金提供给这些单位使用，从而实现资金融通的过程。

从企业的角度看，间接融资主要表现为银行信用，是以银行为金融中介机构进行的资金融通形式。目前，许多银行推出了个人短期小额创业贷款业务，对于处在创业初期的经营者来说，这种融资形式往往能起到雪中送炭的作用。

拓展阅读

科学融资五步走

（1）确定目标和策略。先想清楚自己要融多少钱，按什么估值融，稀释多少，对象是谁，要不要找战略投资人，找谁，想花多少时间去完成融资，有没有特殊要求等。一般而言，要求越多，融资难度越大。

（2）把融资“故事”讲好。要把握业务本质，解构上下游产业链和竞争格局、寻找行业变化动因和突破口、挖掘行业关键；要挖掘出自身的核心优势，包括差异化、核心能力，并量化支撑；要找到最佳对标，寻找同行对标或跨行对标，对标即体现了创始人对行业和业务终局的思考。

（3）找到合适的投资人。例如，投资能力方面，创业者要了解投资人所在机构有多大规模，已经投多少钱出去，还剩多少钱，单笔投资多少，投过哪些项目，有没有自己的竞品，投过相关业态是加分项等。

（4）确定合理的估值、交易结构设计与谈判策略。合理的交易结构包括时间、金额、估值和条款等要素。融资金额和估值要合适，条款要平衡投资人和创业者的利益。

（5）严丝合缝的流程把控和项目管理。融资管理流程一般包含几十项，公司管理流程更是往往多达200项，从材料准备到路演设计、策略制定、投资人推介、交易结构设计、尽职调查，事无巨细都要严格把控。

资料来源：http://www.myzaker.com/article/6065810f8e9f097b78223b18/（有改动）。

（三）债权融资和股权融资

在直接融资市场中，可以根据投资者与企业之间的产权关系，将融资方式分为债权融资和股权融资。

1. 债权融资

债权融资是指通过商业信用、个人或银行借款、发行债券等方式获取资金。它与股票融资一样，同属于直接融资，一般表现形式为贷款。这就意味着债权融资必须以一部分资产作为担保，在一定期限内归还所借的全部资金，并支付全部利息。债权融资是一种非常昂贵的融资方式，要求企业有较高的投资回报才能到期偿还债务，因此存在较高的风险。债权融资一般有银行借款、商业信用、发行债券和租赁等形式。

对新创企业来说，采用债权融资的方式能使创业者获取更大的企业产权比例，获取更多的收益回报；同时，这种融资方式也存在一定的风险。创业者在采用债权融资方式时，必须考虑自身对于利息的支付能力，以防资金链断裂而导致不可挽回的后果。

2. 股权融资

股权融资是指通过赋予资金提供者股东地位的方式获得资金。这种融资方式不需要担保，融资成本较低。同时，创业者需要向投资者提供特定形式的企业产权，投资者则按一定比例分享企业利润和资产处置的收益。股权融资主要有天使投资、风险投资和公开发行股票三种方式。

实践训练

活动一 实习参观创意创业园区

任何创造都是人的创造力的表现，具有创造力的人不会人云亦云，不会囿于成见，不会因袭传统，不会迷信权威。围绕“什么是创造力”这一主题组织学生实地参观创意创业园区，3 ~ 5 人为一组进行参观，参观结束后各组进行讨论，并派代表阐述本组的意见。

活动二 以互联网思维整合科技创新资源

创新资源是进行科技创新的基础和要素。随着互联网技术的飞速发展，创新活动所需的物质与信息资源快速流动，各种创新资源加速汇聚、融合与共享，大量创新成果随之涌现。通过网络、书刊、新闻媒体等渠道，收集这些科技创新资源并分析它们是如何通过互联网进行整合的。

第七章 商业模式与路演

能力目标

（1）掌握商业模式的基本知识，并能够进行商业模式设计。

（2）能够进行路演设计，并能够轻松自如地进行路演。

问题思考

联想、华为与腾讯的商业模式分析

从产业价值链定位来看，联想依托强大的销售网络，以“贸工技”向“创新驱动”的路径，围绕国际计算机及信息服务产业价值链，从加工代销的低端环节向重研发、重服务的高端环节与高级业态攀升与演化。在产业升级的过程中，联想逐步由以往的大规模低成本制造作为盈利源开始向以服务增值作为盈利增长点的方向转变。在缺乏甚至一度弱化自主知识产权的“弯路”下，联想依托庞大的国内市场与政府支持，利用民族情结建立起庞大的营销体系、服务网络与市场优势，逐步以产业后端（市场）的控制力提高对产业中端资本的控制力，进而以产业中端（资本）的控制力提升对产业前端（技术）的控制力。

从产业价值链定位来看，华为以客户需求为驱动，定位为通信设备领域的系统集成服务商与量产型公司，为客户提供有竞争力的端到端通信解决方案，并围绕通信设备领域的整个产品生命周期形成完整的产品线。华为主要依靠整个通信产品的整个产品生命周期赚取利润。华为凭借通信设备领域整个产品生命周期上完整的产品线的营收，以暂时的亏损为代价将投入市场的新产品按两三年后量产的模型定价，利用企业规模效益、低耗与高效的供应链管理、非核心环节外包、流程优化等方法挖掘出的成本优势挤垮或有效扼制国内竞争对手，并利用研发低成本优势快速抢夺国际市场份额，打压在成本上处于劣势的西方竞争对手，形成著名的“华为优势”。

从产业价值链定位来看，腾讯则抓住互联网对人们生活方式的改变形成新的业态的机遇，通过建立中国规模最大的网络社区“为用户提供一站式在线生活服务”，通过影响人们的生活方式嵌入主营业务。腾讯在一个巨大的便捷沟通平台上影响和改变数以亿计网民的沟通方式和生活习惯，并借助这种影响嵌入各类增值服务。腾讯借互联网对人们生活方式改变之力切入市场，通过免费的方式提供基础服务而将增值服务作为价值输出和盈利来源的实现方式。

资料来源：https://www.163.com/dy/article/EEDEJGG60519ES83.html（有改动）。

想一想 什么是商业模式？你认为未来最有效的商业模式是什么？

第一节　商业模式的设计

商业模式是一个组织在明确外部假设条件、内部资源和能力的前提下，用于整合组织本身、客户、供应链伙伴、员工、股东或利益相关者来获取超额利润的一种战略创新意图和可实现的结构体系及制度安排的集合。商业模式涉及企业的资源获取、生产运作、营销推广、研发活动、合作共赢、客户交流、收益实现等环节。

一、商业模式的内容

（1）产品模式。企业向客户提供的是什么样的产品。所有的商业模式都以产品模式为基础，能够满足客户需要的产品才能创造价值。产品模式应明确具体是什么产品、具有什么价值、能够解决客户的什么问题等。

（2）用户模式。新企业要找到产品最适合的目标用户，即企业要明确面对的是哪一个细分市场，因为企业产品不可能适合所有的用户。

（3）推广模式。企业用什么样的方法接触到目标用户。一般的推广模式就是花钱做广告，但是最好的推广模式是不需要花钱的，其关键是要把握用户的真实需求，然后通过产品的完善来帮助用户解决问题。

二、商业模式的要素

商业模式包括目标价值、利益相关者、企业流程、收入和技术五大要素。其中，目标价值是指企业通过生产经营活动最终所追求的价值；利益相关者是指企业在纵向价值链和横向价值链上的参与主体，如供应商、合作伙伴、客户；企业流程是指实现企业目标价值的路径及企业制定的生产运营的操作流程；收入主要指企业的收入来源；技术是推动企业发展的动力因素。一种成功商业模式的关键在于对现有资源的充分利用及对商业模式各要素的合理整合。

小思考

《经济学家》杂志进行的一项全球企业家调查数据显示，半数以上的被调查者认为在企业取得成功的影响因素中，商业模式创新比产品或服务创新更为重要。但奇怪的是，迄今为止，人们对商业模式如何创新不仅知之甚少，而且与商业模式有关的实践也少得可怜。你认为造成这种偏差的原因何在？

三、商业模式的本质

（一）商业模式是价值共赢的模式

商业模式为企业上下游的供应商、合作伙伴、客户创造价值，它强调合作、利益共享、创造共赢的生态环境。有价值的商业模式必须是价值共赢的，共赢的商业模式可以创造更多、更好的价值，客户、供应商、企业之间共同实现良好的价值创造、价值传递、价值分配和价值实现。

（二）商业模式是系统的模式

商业模式是由多种要素构成的体系，这些要素相互关联，为企业做出了重要的贡献。商业模式由企业产品、服务、信息流整合而成，是一系列制度结构、制度安排的连续体。商业模式的各要素体现了它们紧密的结构性和关联性，相互支持、共同作用，形成了一个良性循环。

（三）商业模式是与历史相匹配的模式

商业模式是在特定时间和空间下的静态实现，今天的模式可能不适用于明天，没有永远成功的商业模式。为了获得长期的核心优势，商业模式必须始终保持必要的灵活性和应变能力，与历史相匹配，这样的商业模式才能获得成功。成功的商业模式无不与企业的历史环境相匹配。例如，人们在研究苹果手机成功的原因时，往往会归因于乔布斯的领导和公司的商业模式，却忽视了苹果公司几十年里积累起来的文化内涵和历史沉淀。

四、商业模式的设计思路

一种好的商业模式应该兼顾所有利益相关者的动机与需求，并设计多种合作与交易机制以满足各方的需求，这样才能有效地整合各方的力量来共同创造价值和分享价值。

（一）突出商业模式的创意

新的企业商业模式总包含着一定的创意，创意体现在商业模式的实施框架中，是以崭新的思维从根本上对商业模式的各要素进行重新安排。商业模式设计的目的在于创造价值和获取价值，价值要依靠商业模式的创意来实现。有创意的商业模式能够更好地为客户、供应商、企业创造价值。因此，在商业模式设计中要突出创意，进行创意的构思、创意的结构设计和创意模式的运行。

（二）确保商业模式的难以模仿性

由于商业模式容易被其他企业复制、模仿而使本企业失去独特的优势，因此创业者在设计商业模式时要确保其难以被模仿，这就依赖于企业对各种资源的控制整合能力，这种能力越强，商业模式越难以被模仿。

（三）寻找合作的联盟

新企业应通过多种方式与第三方企业进行战略合作。在寻求资本方面，当企业处于发展初期时，可以引入初始投资人，为企业提供初始发展资金；在企业发展规模初步扩大以后，引入私募股权投资人，可以实现跨越式发展，迅速扩大市场；在企业发展达到一定规模以后，可以选择上市融资。

除资金方面以外，企业还可以通过与国内外优秀同行企业进行股权合作，引进先进的管理理念和优秀的专业人才。新的企业商业模式的形成与发展不能只靠单个企业，而应当懂得利用联盟的力量，以联盟求发展，集中多个企业价值链上的核心能力形成强大的群体竞争力。

（四）增强商业模式的应变能力

应变能力是商业模式取得成功的关键。创业者在设计商业模式时应注意增强其应变能力。例如，提高企业的软实力，灵活构造企业的价值网；以客户为中心，以占领客户为本位，认真考虑客户所期望获得的利益，把竞争转向为用户创造价值的层面，从而游刃有余地竞争市场空间；研究客户需求，实施客户互动管理，增强时间观念，随客户需要而变，实施个性化定制；等等。

小互动

请说出下面三个式子在什么情况下是成立的？请用一个实例说明，并写出来，时间3分钟。

4 － 3 ＝ 3

4 － 3 ＝ 4

4 － 3 ＝ 5

五、商业模式的设计方法

（一）商业模式的定位

商业模式的定位是指确定商业模式以什么方式向客户提供独特的价值，经营规模有多大，投资价值有多少，需要用多长时间达到什么目标，在行业中处于什么位置。根据商业模式的定位，创业者就会知道企业需要哪些资源和能力，是研发、品牌、渠道还是知识、管理。

（二）明确利益相关者

利益相关者是指能够高性价比地提供资源和能力的人。创业者在寻找利益相关者时，要考虑利益相关者的交易结构，了解交易结构中责权的安排情况，以及企业与利益相关者将如何合理地分配利益，还要控制利益相关者的交易风险。

（三）商业模式的专业化与标准化

1. 商业模式的专业化

商业模式的专业化主要集中在经营业务和经营环节两个方面。在经营业务领域，许多优秀企业的业务都集中在某一方面，如沃尔玛专注于超市的经营、苏宁电器专注于3C产品（通信产品、计算机产品和消费类电子产品）销售等。对于经营环节，企业可以从目前所经营的多个环节中挑选做得非常好的环节，如设计、采购、生产、物流等环节，然后进行专业化经营。

小思考

产品演示是一种十分有效的推销方法。从你身边选择一种需要演示的产品，然后想一想：演示过程需要哪些辅助物？如何对所选物品进行演示？如果准备好了，就上台展示吧！

2. 商业模式的标准化

商业模式的标准化主要体现在资源和能力的标准化方面，如企业产品生产流程的标准化、服务操作程序的标准化、员工商务礼仪的标准化、企业经营管理制度的标准化等。

（四）设计商业模式的结构维度

结构维度是商业模式的内核，结构维度中所有的要素都是商业模式的载体，不同的商业模式对结构要素的要求是不同的，从而影响企业的经营边界。在商业模式的结构维度中，消费者是重要的界面，是商业模式的价值实现者，而消费者价值实现的多少取决于消费者效用的大小，消费者不同的效用对应着消费者不同的消费满足程度。不同的商业模式给消费者带来的消费满足程度及效用是不同的。除消费者以外，供应商和相关产品是其他的界面，这两个界面通过一定的市场策略和市场行为与企业形成一种价值网络关系。因此，创业者应当从与企业相关的多个维度对商业模式进行设计。

（五）构建商业模式的价值网络

企业提供给客户的特定利益组合是由价值网络中的各种要素共同作用形成的。在价值网络中，除客户价值外，还有合作伙伴价值和企业价值。合作伙伴价值是指企业提供给合作伙伴的利益组合，企业价值是指企业自身实现的最终盈利。企业应根据自身的战略资源与核心能力，通过全新的要素组合与构建合理的价值网络，高效地向目标客户传递价值内容，实现价值创新。

拓展阅读

免费商业模式

“互联网 +”时代是一个“信息过剩”的时代，也是一个“注意力稀缺”的时代，怎样在“无限的信息中”获取“有限的注意力”，便成为“互联网 +”时代的核心命题。注意力稀缺导致众多互联网创业者开始想尽办法去争夺注意力资源，而互联网产品最重要的就是流量，有了流量才能够以此为基础构建自己的商业模式，所以说，互联网经济就是以吸引大众注意力为基础，去创造价值，然后转化成盈利。

很多互联网企业都是以免费的、好的产品吸引到很多的用户，然后将新的产品或服务推给不同的用户，在此基础上构建商业模式，如 360 安全卫士、QQ 用户等。互联网颠覆传统企业的常用打法就是在传统企业用来赚钱的领域免费，从而彻底把传统企业的客户群带走，继而转化成流量，然后利用延伸价值链或增值服务来实现盈利。

如果有一种商业模式既可以统摄未来的市场，也可以挤垮当前的市场，那就是免费的模式。信息时代的精神领袖克里斯·安德森在《免费：商业的未来》中归纳基于核心服务完全免费的商业模式：一是直接交叉补贴，二是第三方市场，三是免费加收费，四是纯免费。

资料来源：https://health.huanqiu.com/article/9CaKrnJLK4r（有改动）。

第二节 路演及呈现的方式方法

为了创业项目的推广和融资，需要在很多场合（从面对面交流、创业私董会到大型会议等）做项目展示，路演就是最主要的展示方式之一。

一、认识路演

路演（road show）源自美国华尔街路边的证券推销，经过多年的发展，路演的概念已经扩展到众多领域，通常是指在公共场所进行演说、演示产品、推介理念，以及向他人推广自己的公司、团体、产品或想法的一种方式。进行路演必须满足以下一些条件。

（1）进行路演的项目必须有明确且清晰的融资需求和融资标的范围。

（2）进行路演的项目要确保成功运作时间为一年以上。

（3）进行路演的项目要有完整的历史财务资料及完整的商业计划。

（4）进行路演的项目团队的人数至少为两人。

（5）进行路演的项目要有具备独特商业价值的创业类型和商业模式。

（6）进行路演的项目要有可供演示的项目内容。

小思考

路演作为一种新的促销模式在现代营销中已受到越来越多企业的青睐，并已出现在各行各业，在 IT 界尤为流行。你都知道哪些路演的成功案例？这些成功的路演有哪些共同特点？

二、路演的原则与程序

（一）路演的原则

（1）认真对待每个细节。正所谓“细节决定成败”，在路演的准备阶段要尽可能地进行预演，将各种可能发生的问题加以解决，做好细节工作。

（2）掌握好时间。时间对于路演来说是十分重要的，恰到好处的时间掌控可以有效、完美地助力路演。时间不要太长，因为投资人没有耐心去看冗长的路演；时间也不要太短，因为太短的时间无法展示出真实的情况。

（3）坚持就是关键。创业是一个长期的过程，融资也不是一蹴而就的，需要用心去打动投资人。在融资过程中，并不一定进行一次路演就能够获得投资人的青睐，很可能会进行多次的路演，这时一定要坚持，不要因很多次没有被投资人看中而心灰意冷，应该查找不足，继续坚持。

（4）要有积极的心态。积极的心态是事业成功的保障，任何一个投资人都不会将资金投给一个有颓废状态、消极心态的创业团队。

（5）超前一步。在进行路演时，要确保效率和掌控时间，超前一步，才能够获得主动权。

（6）对路演工作人员友好。创业者要友好地感谢路演工作人员所做的工作，这样，即使路演进程变得艰难，他们也会愿意帮助你。

（7）严格检查每项准备工作。在路演开始前，要严格检查路演所涉及的各种软硬件及人员，确保路演顺利进行。

小互动

智力小考验

（1）跑马场上有 3 匹马，并排从起跑线上向同一个方向起跑。已知公马 10 分钟能跑 4 圈，母马 10 分钟能跑 3 圈，小马 10 分钟能跑两圈，经过多长时间 3 匹马又能同时回到起跑线上？

（2）小明正在喝一杯牛奶，他喝了半杯后，加入一半水，摇匀后，又喝了半杯，再加入半杯水，最后小明把一整杯都喝掉了。请问：小明喝的牛奶多还是水多？

（二）路演的程序

（1）报名。需要的材料包括 1 页项目说明、4 ～ 5 页中文或英文的路演项目概要。项目概要主要包括项目管理的团队成员、项目所属行业、项目名称、项目代表人的联系方式等。

（2）程序审核。由创业投资俱乐部审核，目的在于判断申请者是否符合报名的条件及路演项目的条件。

（3）项目审核。路演项目的特邀顾问组成评委团为项目审核的负责人。

（4）项目路演。特定的时间与地点，由通过以上程序审核的项目演示人对路演项目进行演示。项目路演的现场共分四个主要的环节。

① 路演项目演示人用 10 分钟时间简要介绍自己的项目。

② 由嘉宾或风险投资人对项目进行为时 5 分钟的项目提问。

③ 由风险投资人对项目进行专业点评。

④ 项目方与风险投资人进行交流。

拓展阅读

8 分钟经典路演

8 分钟路演是最经典的路演，8 分钟是国际标准的路演时间。如果能够将 8 分钟的标准路演时间把握好，那么以后的路演，不管是 3 分钟、5 分钟，还是 10 分钟，对于企业来讲都不成问题，因为 8 分钟是最难以把握的时间。在一场 8 分钟的路演中，企业应当如何快速吸引听众的注意力呢？ 8 分钟路演 = 提出问题 + 解决方案。这个公式非常重要，不管是乔布斯，还是雷军等，都会遵循这个公式进行每场成功的路演。

在一场 8 分钟的路演中，路演者只需要做两件事：第一件事，告诉听众你的项目是针对什么问题的；第二件事，你提出的解决方案是什么。以室内装修设计为例，路演者必须向听众提出现在装修行业或者设计行业存在的问题，比如有五大问题，都要针对听众的五大痛点，说到他们的心坎里。然后针对这些问题，提出你的解决方案，听众自然买账。8 分钟经典路演要围绕四个问题展开。

第一个问题：我们是做什么的。告诉听众，企业是做什么的，这是听众最关心的基本问题。

第二个问题：我们解决了客户的什么问题。企业要告诉听众为客户解决了什么问题，这个问题必须是企业对整个行业的研究和对消费者的洞察之后得出的结论。

第三个问题：我们如何与众不同。这个问题的关键在于告诉听众，企业与其他同行在哪些方面是不同的，企业的核心竞争特色是什么。

第四个问题：和听众有什么关系。这是最重要的问题，告诉听众，企业的路演内容与听众有什么关系，听众为什么要关注企业的路演。

资料来源：https://zhuanlan.zhihu.com/p/28263586（有改动）。

三、路演呈现的方式方法

（一）做好准备

1. 调整路演心态，克服恐惧心理

路演是一种当众讲话的形式，很容易让人产生畏惧心理，这时就需要通过一些必要的手段调整心态。

2. 确定路演内容，力求有说服力

路演的内容是路演的核心部分，不仅要根据自己的实际情况加以设定，还要力求使内容具有说服力。

3. 多做模拟预演，判断是否调整

为了达到完美的路演效果，需要多次模拟预演，准备好路演 PPT 和商业计划书之后就可以进行，以便于发现问题，加以改进。

4. 确定彩排的物料、场地和费用

要做好路演彩排，必须确定彩排的设备、场地和费用，这是一项非常细致的工作。

5. 掌握路演 PPT 设计技巧和宣传片制作

路演 PPT 和宣传片是路演呈现中的重要元素，事实上，支撑路演活动的重要条件就是 PPT 和宣传片，一套完善的 PPT 和宣传片能给投资人无与伦比的现场体验，为实现使投资人“从接受到投资”奠定基础。

（二）文字修辞

在路演过程中，演讲者所使用的文字经过加工处理，不仅能为演讲稿增光添彩，更容易吸引听众的关注，获得投资。为此，演讲者需要做到以下三点。

1. 精雕细琢，写逐字稿

逐字稿是指演讲中所说的每句话、每个字都要反复排练，甚至每句话的声调、停顿、眼神、表情、肢体动作也要精心设计。另外，从逐字稿的字数也能推算出演讲所需要的时间，将时间与内容做平衡处理，以使效果达到最佳。

2. 善于使用表述语、提神语和说服语

一个成功的演讲应当由三种语言组成，即表述语、提神语和说服语。表述语的作用是陈述事实、抛出事实、陈述现状；提神语的作用是鼓励、激励、唤起情感，注重情感；说服语的作用在于进一步说服听众，唤起行动和认同，注重道理。

3. 做好故事演绎

对于一场演讲来说，创作出打动人心的故事，也是决定演讲效果的核心因素。投资人对路演已司空见惯，看过的项目不计其数，如果创业者能在路演开始后的 3 ～ 5 分钟把自己企业的亮点提炼出来，吸引投资人的眼球，那么投资人对创业者整个项目的兴趣就会大大提升。

（三）语音语调

路演的演讲者必须认真对语音进行研究，努力使自己的声音达到最佳状态。为此，演讲者应从气、声、音三个方面入手。

1. 气发丹田，持久有力

气发丹田才能声音洪亮，持久有力。所谓气发丹田，并非真有气从丹田发出，而是强调身体协调一致。气发丹田首先要气沉丹田，气沉丹田最重要的就是要建立正确的呼吸方法，也就是通常人们所说的胸腹联合式呼吸法，其操作要点是“深吸慢呼”。

2. 声情并茂，声若洪钟

发声讲究“声情并茂，声若洪钟”，这是路演必须遵循的原则。“演讲”中的“讲”就是演讲者所发出的声音，“演讲”中的“演”就是演讲者实实在在的现场表现，包括手势、衣着、眼神等肢体语言，这些部分组合得恰到好处的演讲就是成功的演讲。

3. 把握音量，控制节奏

音量和节奏是演讲发音时必须掌握的两个要领，在路演中同样需要掌握两个要领。把握音量就是控制声音的大小，控制节奏就是把握说话的语速。

小互动

勇敢地介绍自己

向别人介绍自己很简单，但想要介绍得精彩有趣，让对方很快记住你，就没那么容易了。请你写一段介绍自己的话，注意语言应精练、准确，最好有自己的特点。准备好了，就上台向全班同学介绍自己吧！

（四）肢体表达

演讲是一个人综合能力的展现。要在短时间内把所要表达的思想传达给听众并触动听众的心灵，是一件难度很大的事情，演讲者除了应具有深厚的文化底蕴、良好的心理素质和标准的普通话水平外，还需要辅以适当的肢体语言，以更好地传达情感。通常来说，在路演中有以下几个重要的肢体语言。

1. 走姿

走姿是一种动态美。人体是一个流动的造型体，优雅、稳健、敏捷的走姿会给人以美的感受，产生感染力，反映出积极向上的精神状态。演讲者在行走之前应注意自己的仪态与风度，稳健、自如、轻盈、敏捷是仪态优雅、风度不凡的体现。

2. 站姿

站姿是静力造型，显现的是静态美。良好的站姿应该是从侧面看，后脑勺、肩部、臀部、后脚跟尽可能在同一条直线上。

3. 手势

手势在演讲中是不可缺少的动作，是最有表现力的体态语言，它可以加重语气，增强感染力。在做手势的同时，要配合眼神、表情和其他姿态，尤其应注意配合内容特别设计并反复训练，才能使动作自然、流畅、大方。

4. 表情

面部表情是一种深刻、直观的表达方式，甚至比语言、手势等的表达效果更好。面部表情包括眼神、眉目、脸部、口唇等，它主要是指演讲者通过自己的脸、嘴和眉目所表达出来的情感。

5. 眼神

有效而充分的眼神接触是一个专业的演讲者所要具备的素质，好的眼神接触有助于把演讲者的信息传递给听众。演讲中运用眼神接触的技巧是很重要的，它可以增强演讲者的信心，帮助演讲者树立一种亲切、友善的形象。

（五）应对突发情况

在路演过程中难免会发生一些突发情况，为了保证路演的顺利进行，必须制定一些应对突发情况的应急预案，针对不同突发情况采取有力的措施予以处理。

（六）反思改进

路演并不一定就是成功的，路演之后要及时总结经验，吸取失败教训，反思改进，以便下次路演能够更加顺利、成功。

经典案例

林语堂的演讲

1936 年，美国纽约举办第一届全美书展。书展是由《纽约时报》和全国书籍出版者协会共同主办的。主办者还安排了作家演讲的项目，林语堂也在被邀请之列。当时，他的《吾国吾民》在美国出版，居畅销书榜首，他的名字也被传遍美国读书界。美国的读者也想一睹他的风采，所以，他的演讲受到了读者的欢迎。

那天，他一反在欧美大众场合穿西装的习惯，一身蓝缎长袍，风度潇洒，慧气四溢。轮到他演讲的时候，他不慌不忙地走上讲台，以风趣幽默、机智俏皮的口吻纵谈了他的人生观和他的写作经验。听众被他那娴熟的英语、雄辩的口才，以及俏皮精湛的演讲折服，不断报以热烈的掌声。正当大家听得入神的空当儿，他却卖了一个关子，收住语气说：“中国哲人的作风是，有话就说，说完就走。”说罢，拾起他的烟斗，挥了挥长袖，走下讲台，飘然而去！

听众被他这个举动弄得瞠目结舌，好些人早就拟好腹稿，准备待他的演讲结束后举手发问呢，却没有想到他招呼也不打一声就走下讲台不见踪影了。

资料来源：http://www.360doc.com/content/16/0506/23/30837857_556899444.shtml（有改动）。

实践训练

活动一 组织一场精彩的创业路演

（1）教师对全班学生分组，每组 5 ~ 8 人。

（2）小组可自行拟定创业项目，也可由教师分配项目。然后小组成员自行收集、整理相关资料，制作路演 PPT。

（3）每个小组推荐一名演讲人上台演讲，将自己小组的商业计划完整、精彩地展示给其他同学和教师。

（4）教师根据每组的表现打分并做出评价，然后组织学生对每组的创业计划和路演表现进行讨论。

活动二 常见商业模式大搜索

根据表格（见表 7-1）中的提示，通过多种途径，了解相关商业模式，将表格填写完整。

表 7-1 常见商业模式

商业模式	关键词	代表企业
特许经营		
低价连锁模式		
新直销模式		
核心产品模式		
网络社区模式		
平台模式		
免费模式		
电子商务模式		
大数据模式		

第八章 创建新企业

能力目标

（1）了解企业的法律形态、设立条件及登记办法。

（2）能够根据实际情况选择初创企业的法律形态。

（3）掌握新企业选址应考虑的各方面的影响因素。

（4）了解新企业注册登记的流程。

问题思考

海归创业圆梦高新

袁某是唐山人，在大学读本科时，学的是机械专业，头脑灵活的他当时就有着对创业的渴望，一边读书一边开公司，承接了合肥一些工业生产企业的非标设计与加工业务。在解决众多客户需求的过程中，袁某发现了传统工业行业的局限性，其已经越来越不符合智能化工业的要求，企业竞争力在逐渐降低。为了寻求新的解决办法，袁某并不只将目光局限于国内，也努力寻求海外的技术解决方案。因此，他接触到了机器视觉与人工智能技术，这为他打开了一扇新领域的大门，也更加坚定了他继续求学的决心。在确定了新的研究方向后，袁某放下手上的工作，转而全身心投入学习中。从确定新方向，到被英国伯明翰大学录取，袁某仅用了半年时间。

完成研究生深造后，袁某拒绝了几家圈内顶尖公司抛来的橄榄枝，毅然决定回国创业，因为他对家乡有一份特殊的感情。求贤若渴的高新区管委会了解到他的情况后，负责人主动上门，得知他的创业想法和理念，认为非常可行，马上为他开通绿色通道，优先支持发展。于是，鹰眼智能科技有限公司于 2018 年 9 月正式落户唐山市高新区创业中心留学生创业园区，致力于为工业行业提供一体化的机器视觉技术智能服务。

当下，人工智能、工业 4.0 革命浪潮席卷全球，机器视觉技术成为强国争相竞逐的主战场，其应用范围涵盖了工业、农业、医药、军事、航天、气象、天文、公安、交通、安全、科研等国民经济的各个领域，发展前景巨大。由于在技术上领先，应用领域十分广泛，能够解决多种实际问题，鹰眼智能成立后马上显现出良好的发展态势，一年内就实现营业收入 600 万元，而第二年的订单量较上一年又增加了 5 倍，企业呈现爆炸式增长态势。目前，鹰眼智能全力开展机器视觉算法软件开发、工业机器人运动控制、AGV 导航控制、基于深度学习的三维图像算法等研发，推动智能化进程。

资料来源：http://www.zhenghe.cn/ZCT/PolicyDetail/50d68963dd904183938e4c2f8d771a88（有改动）。

想一想 有人说，创业就是一个走“窄门”的过程，是一件魔幻与现实交织的事情，创业并不容易成功。你认为袁某能够创业成功的原因有哪些？

第一节　新企业的组织形式

创业者准备创办企业时要选择好适当的创业企业组织形式。企业的组织形式不同，企业的法律地位和投资人的风险责任范围也不同。学生创业涉及的一般是小型企业，最常见的组织形式有个人独资企业、合伙企业和有限责任公司。

小思考

你的家人或朋友中有个体工商户吗？你了解个体工商户的创办流程吗？试着联系 1 ～ 2 个个体工商户，拟定一篇访谈提纲，就个体工商户的相关问题进行一次调研。

一、个人独资企业

个人独资企业是指依照《中华人民共和国个人独资企业法》(以下简称《个人独资企业法》)在中国境内设立，由一个自然人投资，财产为投资者个人所有，投资者以其个人财产对企业债务承担无限责任的经营实体。

1. 个人独资企业的设立条件

设立个人独资企业应当具备《个人独资企业法》第十条规定的条件，即个人独资企业的登记事项应当包括企业名称、企业住所、投资人姓名和居所、投资人的出资额和出资方式、经营范围。

个人独资企业的名称中不得使用“有限”“有限责任”或者“公司”字样。设立个人独资企业，应当由投资人或者其委托的代理人向个人独资企业所在地登记机关申请设立登记。

投资人申请设立登记，应当向登记机关提交投资人签署的个人独资企业设立申请书、投资人身份证明、企业住所证明、国家市场监督管理总局规定提交的其他文件。从事法律、行政法规规定须报经有关部门审批业务的，应当提交有关部门的批准文件。委托代理人申请设立登记的，应当提交投资人的委托书和代理人的身份证明或者资格证明。其中，个人独资企业设立申请书应当载明企业的名称和住所、投资人的姓名和居所、投资人的出资额和出资方式、经营范围。

以个人财产出资或者以其家庭共有财产作为个人出资的，应当在设立申请书中予以明确。个人独资企业营业执照的签发日期为个人独资企业成立日期。

2. 个人独资企业的法律特征

(1) 在组织结构形式上，个人独资企业是由个人创办的独资企业，其投资者是一个自然人。国家机关、国家授权投资机构或国家授权的部门、企业、事业单位等都不能作为个人独资企业的设立人。

(2) 在责任形态上，投资者个人以其个人财产对企业债务承担无限责任。投资者若以家庭共有财产作为个人投资的，以家庭共有财产对企业债务承担无限责任，这是个人独资企业区别于有限责任公司和股份有限公司等企业形式的基本特征。

(3) 从性质上看，个人独资企业是非法人企业。个人独资企业没有独立的资产，企业的财产就是投资人的财产，企业的责任就是投资人的责任。因此，个人独资企业无独立承担民事责任的能力。个人独资企业虽然不具备法人资格，但它是独立的民事主体，能够以自己的名义从事民事活动。

3. 公示和证照管理

个人独资企业应当于每年 1 月 1 日至 6 月 30 日，通过企业信用信息公示系统向登记机关报送上一年度的年度报告，并向社会公示。年度报告公示的内容和监督检查按照国务院的规定执行。

个人独资企业营业执照分为正本和副本，正本和副本具有同等法律效力，样式由国家市场监督管理总局制定。个人独资企业根据业务需要，可以向登记机关申请核发若干营业执照副本。

营业执照遗失或者毁损的，应当在国家企业信用信息公示系统上声明作废，并向企业登记机关申请补领或者更换。任何单位和个人不得伪造、涂改、出租、转让营业执照。

4. 法律责任

（1）未经登记机关依法核准登记并领取营业执照，以个人独资企业名义从事经营活动的，由登记机关责令停止经营活动，处以 3 000 元以下的罚款。

（2）个人独资企业办理登记时，提交虚假文件或者采取其他欺骗手段，取得企业登记的，由登记机关责令改正，处以 5 000 元以下的罚款；情节严重的，并处吊销营业执照。

（3）个人独资企业使用的名称与其在登记机关登记的名称不相符合的，责令限期改正，处以 2 000 元以下的罚款。

（4）个人独资企业登记事项发生变更，未依照《个人独资企业法》规定办理变更登记的，由登记机关责令限期改正；逾期不办理的，处以 2 000 元以下的罚款。

（5）个人独资企业未将营业执照正本置放在企业住所醒目位置的，由登记机关责令限期改正；逾期不改正的，处以 500 元以下的罚款。

（6）个人独资企业涂改、出租、转让营业执照的，由登记机关责令改正，没收违法所得，处以 3 000 元以下的罚款；情节严重的，吊销营业执照。承租、受让营业执照从事经营活动的，由登记机关收缴营业执照，责令停止经营活动，处以 5 000 元以下的罚款。

（7）伪造营业执照的，由登记机关责令停业，没收违法所得，处以 5 000 元以下的罚款；构成犯罪的，依法追究刑事责任。

（8）个人独资企业成立后，无正当理由超过 6 个月未开业，或者开业后自行停业连续 6 个月的，吊销营业执照。

（9）登记机关对不符合法律规定条件的个人独资企业予以登记，或者对符合法律规定条件的个人独资企业不予登记的，对直接责任人员依法予以行政处分；构成犯罪的，依法追究刑事责任。

（10）登记机关的上级部门有关主管人员强令登记机关对不符合法律规定条件的个人独资企业予以登记，或者对符合法律规定条件的个人独资企业不予登记，或者对登记机关的违法登记行为进行包庇的，对直接责任人员依法予以行政处分；构成犯罪的，依法追究刑事责任。

小互动

甲、乙、丙分别有若干张卡片。甲给乙卡片 6 张，乙给丙卡片 4 张，丙给甲卡片 3 张后，3 人手里的卡片分别是甲有 5 张、乙有 8 张、丙有 5 张。

请问：甲原来有几张卡片？

二、合伙企业

合伙企业是指自然人、法人和其他组织依照《中华人民共和国合伙企业法》（以下简称《合伙企业法》）在中国境内设立的企业，其分为普通合伙企业和有限合伙企业。普通合伙企业由普通合伙人组成，合伙人对合伙企业债务承担无限连带责任；有限合伙企业由普通合伙人和有限合伙人组成，普通合伙人对合伙企业债务承担无限连带责任，有限合伙人以其认缴的出资额为限对合伙企业债务承担责任。

1. 合伙企业的设立条件

订立合伙协议、设立合伙企业，应当遵循自愿、平等、公平、诚实信用原则，并具备以下五个条件。

（1）有两个以上的合伙人，合伙人为自然人，应当具有完全民事行为能力。

（2）有书面合伙协议。合伙协议应当载明的事项有：合伙企业的名称和主要经营场所的地点，合伙目的及合伙企业的经营范围，合伙人的姓名及其住所，合伙人出资的方式、数额和缴付出资的期限，合伙企业的解散与清算，违约责任。

（3）有合伙人认缴或者实际缴付的出资，可以是货币、实物、土地使用权、知识产权或其他财产权利出资，甚至可以用劳务出资。对出资的评估作价可以由合伙人协商确定。

（4）有合伙企业名称。合伙企业在其名称中不得使用“有限”或者“有限责任”字样。

（5）有经营场所和从事合伙经营的必要条件。

经典案例

合伙企业合伙人除名案例

张某兄弟二人和李某从小一起长大，十分要好。2014 年，张某弟兄俩与李某商议共同出资 20 万元（其中李某出资 10 万元，张某弟兄俩各 5 万元）合伙开办一家食品超市，具体业务由张某弟兄俩负责。经营一年多后，该超市便赢利 10 万元，按照当时约定，李某分得了 5 万元的红利，张某弟兄俩则一人分得 2.5 万元。弟兄俩见该超市利润丰厚，便以“李某不会经营”为借口，将李某的投资从超市撤出，退给李某，并强制将李某从该超市除名，不让李某到超市上班。李某曾多次找张某弟兄俩质问，都没有结果。李某无奈之下将张某弟兄俩告上了法庭，可张某弟兄俩却说，合伙企业是他们三个人的事，李某到法院去起诉也没有用，双方关系也从此交恶。

从本案看，张某弟兄俩见合伙超市利润可观，就以李某不会经营为借口将李某的投资撤出，并强制将李某除名，不让其到超市上班，这显然不符合法律对于强制退伙的规定。

2. 合伙企业的法律特征

（1）合伙企业以合伙协议为成立的法律基础。合伙协议是调整合伙关系、规范合伙人相互间的权利义务、处理合伙纠纷的基本法律依据，对全体合伙人具有约束力，是合伙得以成立的法律基础。

（2）合伙企业须由全体合伙人共同出资，合伙经营。出资是合伙人的基本义务，也是其取得合伙人资格的前提条件。

（3）合伙人共负盈亏，共担风险。

（4）合伙制企业的数量不如个人独资企业和公司制企业多，一般在广告、商标、咨询、会计师事务所、法律事务所、股票经纪人、零售商业等行业较为常见。

3. 合伙协议

合伙人应当按照合伙协议约定的出资方式、数额和缴付期限履行出资义务。以非货币财产出资的，依照法律、行政法规的规定，需要办理财产权转移手续的，应当依法办理。

合伙协议应当载明合伙企业的名称和主要经营场所的地点，合伙目的和合伙经营范围，合伙人的姓名或者名称、住所，合伙人的出资方式、数额和缴付期限，利润分配、亏损分担方式，合伙事务的执行，入伙与退伙，争议解决办法，合伙企业的解散与清算，违约责任，等等。

合伙协议经全体合伙人签名、盖章后生效。合伙人按照合伙协议享有权利，履行义务。修改或者补充合伙协议，应当经全体合伙人一致同意；但是，合伙协议另有约定的除外。合伙协议未约定或者约定不明确的事项，由合伙人协商决定；协商不成的，依照《合伙企业法》和其他有关法律、行政法规的规定处理。

三、有限责任公司

有限责任公司是指根据《中华人民共和国公司法》登记注册的，由 50 个以下的股东共同出资，每个股东以其所认缴的出资额对公司承担有限责任，公司以其全部资产对其债务承担责任的经济组织。

1. 有限责任公司的组织机构

有限责任公司完整的组织机构应当包括股东会、董事会和监事会。

（1）股东会。股东会是有限责任公司的权力机构，是由全体股东组成的对公司重大事项进行决策的非常设机构。股东会对外不代表公司，对内不执行业务。股东的权利通常简称为股东权或股权，是指股东基于其出资在法律上对公司所享有的权利。股东的权利分为自益权和共益权。自益权是从公司得到经济利益的权利。共益权是股东参与公司经营管理和监督的权利。股东在行使共益权的同时也实现或保障了股东自身的利益。

（2）董事会。董事会是有限责任公司的执行机构，是由股东会选举产生，对内执行公司业务，对外代表公司的常设机构。股东人数少和规模较小的公司可不设董事会，仅设 1 名执行董事。

① 董事会成员一般为 3 ~ 13 人，单数。

② 董事任期由公司章程规定，但每届任期不得超过 3 年。董事任期届满，可以连选连任。

③ 董事会会议由董事长召集和主持。董事长不能履行职务或不履行职务的，由副董事长召集和主持。副董事长不能履行职务或不履行职务的，由半数以上董事共同推举 1 名董事召集和主持。

④ 董事在任期届满前，股东会不得无故解除其职务。

（3）监事会。监事会由股东代表和适当比例的公司职工代表组成，具体比例由公司章程规定。监事会中的职工代表由公司职工民主选举产生。

① 在有限责任公司中，股东人数较少和规模较小的，可以设 1 ~ 2 名监事。董事、经理及财务负责人不得兼任监事。

② 监事会对股东会负责并报告工作，其设立由股东会决定。

③ 监事会设主席 1 人，由全体监事过半数选举产生。监事会主席召集和主持监事会会议；监事会主席不能履行职务或不履行职务的，由半数以上监事共同推举 1 名监事召集和主持监事会会议。

小互动

寻找一个伙伴，与他面向站立，听到“开始”口令后，设法拍击对方背部，同时保证不被对方击中自己，在规定时间内（每次 1 分钟）拍击对手次数多的为胜。

2. 有限责任公司的设立条件

（1）具有符合法律规定的股东人数。股东人数须在 50 人以下，包括参与公司设立的原始股东，也包括公司设立后由于资本增加、股权变动、公司合并等而新增加的股东。

（2）股东出资达到法定资本最低限额。公司资本是公司开展经营活动的物质条件，也是公司对外承担债务责任的保证。

（3）股东共同制定公司章程。制定公司章程时，要注意以下三个方面：一是设立有限责任公司必须有公司章程，没有公司章程者不得设立有限责任公司；二是公司章程所记载的事项分为必备事项和任意事项，前者由《中华人民共和国公司法》予以规定，后者由公司自行决定；三是新设立的公司的公司章程由参与设立的各个股东共同制定，体现全体股东的共同意志。

（4）有公司的名称。公司名称中应标明“有限责任公司”或“有限公司”字样，并设立符合有限责任公司要求的组织机构。公司的运行是由公司的内部组织机构来进行的，若没有相应的组织机构，公司就无法开展正常的生产经营活动。

（5）有固定的生产经营场所和必要的生产经营条件。公司以其主要办事机构所在地为住所；若没有住所，公司不得设立。

四、新企业组织形式的选择

不同的企业制度在组织形式与规定上有着较大的差别，其适用程度随创业者选择的新企业的组织形式的不同而有很大的变化。因此，创业者有必要对新企业的组织形式进行利弊比较分析。

1. 启动成本分析

对于白手起家的创业者而言，启动成本无疑是他们创建企业的第一屏障，且越复杂的组织，创办成本越高。

（1）相对而言，创办成本最少的是个人独资企业，只需要有注册企业或商品名的费用。

（2）合伙企业除注册外还要订立合伙协议，这就涉及一些专业中介机构的咨询成本及谈判成本。

（3）有限责任公司和股份有限公司相对来讲比较“昂贵”，因为其在成立前需要履行一系列法律所规定的程序，这就不可避免地会产生一系列费用。

2. 新企业的稳定性分析

无论是对创业者、投资者还是消费者来说，企业能否长久地存续，是否能够稳定地发展下去，都是他们最关心的问题。

（1）个人独资企业完全是基于创业者个人的能力、资金等因素而建立起来的，如果创业者死亡或个人情况发生改变，个人独资企业的稳定性就会动摇。

（2）在合伙企业中，合伙人之间的信任是建立合伙企业的基础，合伙人之一的死亡、退出或信赖基础的丧失都可能导致合伙企业结束。我国的《合伙企业法》对入伙和退伙都做出了具体的规定，退伙包括正常退伙、当然退伙和强制退伙。

（3）有限责任公司与股份有限公司在各种企业形式中拥有最好的稳定性。由于董事会在公司治理中起到了十分重要的督导作用，所以股东的死亡或退出对企业的连续性基本上无太大的影响。

3. 从权益的可转让性方面进行分析

所有者对于企业的权益是否容易转让决定着所有者财产的流动程度。当利润一定时，创业者会努力持有流动性高的资产，反之则会减持流动性高的资产。

（1）在个人独资企业中，创业者有权随时出售或转让企业的任何资产。

（2）在合伙企业中，除非合伙协议允许或其他合伙人同意，否则合伙人一般无权出售企业的任何权益。

（3）在有限责任公司与股份有限公司中，股东在出售企业的权益方面有很大的自由。特别是股份有限公司，一般股东可以在任何时间不经其他股东同意就转让自己的股份。当然，由于股权分置等历史问题，中国的公司法对股份有限公司的股份转让规定了某些限制，如发起人持有的本公司股份，自公司成立之日起 3 年内不得转让，公司董事、监事、经理应当向公司申报所持有的本公司的股份，并在任职期间内不得转让。

4. 从获得增加资金的方面分析

一般而言，新企业增加资金的机会和能力依据企业形式的不同会有很大的差别。

（1）对个人独资企业而言，任何新资金只能来自贷款和创业者个人的追加投资。

（2）合伙企业可以从银行借贷，也可以要求每个合伙人追加投资或者吸收新的合伙人。

（3）有限责任公司与股份有限公司则有很多途径可以增加资金，要比企业的其他法律形式有更多的选择渠道。股份有限公司可以发行股票、债券，也可以直接向银行贷款。

5. 从管理控制方面分析

每种企业形式都会给管理控制和决策责任带来不同的机会与问题。在许多新企业中，创业者通常希望尽可能多地保留对公司的控制权。

（1）在个人独资企业中，创业者拥有最大的控制权，可以灵活制定企业决策。

（2）在合伙企业中，一般由合伙人根据合伙协议协商解决日常及关键性问题。

（3）有限责任公司与股份有限公司日常业务的控制权掌握在职业经理的手中，但大股东有权投票决定公司较重要的长期决策。按照公司制的设计要求，法人公司中的管理权和控制权进行了适当的分离。

6. 从利润与损失的分配方面分析

毋庸置疑，利润最大化和损失最小化是新企业的经营目标，因此，利润与损失分配问题也是创业者选择企业法律形式时需要着重考虑的问题。

（1）个人独资企业的负责人取得企业经营中的所有利润，同时他们也要为经营中的所有损失承担无限责任。

（2）在合伙企业中，利润与损失的分配取决于合伙人出资的份额或合伙协议。

（3）有限责任公司与股份有限公司一般严格按照股东的出资比例分配利润和承担损失。

7. 从对筹资吸引力方面分析

个人独资企业和合伙企业对企业的债务承担无限责任，因此，任何债务性融资对它们来讲都需要慎重考虑和决策；相对而言，股份有限公司和有限责任公司仅对企业的债务承担有限责任，因此，无论是债务性融资还是权益性融资都对这两类公司具有强大的吸引力。当然，公司实力越强，筹资就越容易。

第二节 新企业的选址与注册登记

选址是关系新企业发展成败的关键因素。企业选址意味着一次新的投资，如果企业选址不恰当，也会直接影响企业的形象，企业选址甚至关乎一家企业发展的成败。此外，国家为了提高办理部门的工作效率，减少处理环节，促进全民创业，实行“五证合一”，注册公司已经非常简便。

一、新企业的选址

创业者开始走上真正的创业之路，并需要成立一家企业，那么有一个真正属于自己的正规的办公场所就显得十分重要。新企业的选址对于新企业的生存有时起着非常关键的作用。创业者在进行新企业的选址时需要考虑一些具体的因素，遵循一定的规范流程，在开展具体选址调查时要符合客观、科学、全面等要求。

1. 新企业选址的重要性

对新企业来说，选址是关系企业发展成败的关键因素。据香港工业总会和香港总商会统计，在开业不足两年就倒闭的企业中，由于选址不当导致企业失败的数量就占到总量的50%。究其原因，一方面是新企业的竞争力受到该地区商业环境质量的强烈影响；另一方面是不同地域存在诸如管理大师迈克尔·波特（Michael Porter）所说的知识、关系、动机等要素，这些要素具有难以被其他地域竞争对手模仿的特性，构成了该地域独有的竞争优势，使新企业难以立足。

2. 新企业选址的影响因素

（1）经济因素。一般来说，新企业设立在关联企业和关联机构相对集中的地区就会相对容易获得成功。这是因为相互关联的企业集中在某一地区选址，该区域内的企业将产生一种既竞争又合作的关系，这种关系将推动该地区经济竞争力的提升，共同实现区域繁荣。企业在选址时所要考虑的经济因素主要包括选址地的经济发展水平、当地人口结构、客流量、交通状况、行业竞争状况、配套设施及配套服务等。

（2）政治因素。新企业必须考虑政府对相关产业的政策，将企业建在政府支持该产业的地区，尤其是进行跨国经营时，创业者必须考虑经营所在国的政治环境，评估该环境对企业提供的产品或服务、分销渠道、价格、促销策略等造成的影响。

（3）社会文化因素。不同地域的社会习俗、文化价值观、生活态度等方面差别很大，社会对安全、健康、营养及环境的关注程度也不尽相同，因此新企业在选址时，如果不考虑上述因素，其所提供的产品或服务就很可能不被所在地的市场接受。

（4）技术因素。新技术对于高科技新企业的成功起着关键作用，因而相当多的高科技企业在创业选址时把企业建在技术研发中心附近或新技术信息传递比较迅速的地区，以便第一时间掌握技术的变化趋势，规避技术进步的不确定性带来的风险。

小互动

为了全面净化学校周边的环境，各大校园周边都开始进行整治，力度非常之大。你所在的学校周边进行整治了吗？你观察过整治后学校周边的商业环境吗？利用业余时间，与同学组成调研小组去仔细观察一下，找一找那些持续年份比较久的店铺，想一想这些店铺为什么会成功。

3. 新企业选址的思路

新企业都需要有经营场所，企业的选址与未来的经营发展有着很大的关系。对于创业者来说，将新企业的地点选在哪个城市、哪个区域具有重要意义，尤其是以门店为主的商业或服务型企业，店面的选择往往是成败的关键。好的选址等于成功了一半，大多数创业者会选择在熟悉的市、地（家乡或者就学的城市等）开展创业活动。在选定目标城市后，创业者还需要进一步选择具体的经营地点。不同类型的新企业，在选址上优先考虑的因素是不同的。

（1）生产性质的新企业选址。生产性质的新企业在选址时要考虑周边地区具备的生产条件：交通方便，便于原料运进和产品运出；生产用电要充足，生产用水要有保证；生产所使用的原料基地要尽量距离企业地址不远；所使用的劳动力资源要尽量就地解决；当地税收是否有优惠政策；等等。如果是一些可能对环境造成影响的生产项目，还须考虑环保问题。

（2）商业性质的新企业选址。商业性质的新企业在选址时应考虑创业地点的实际情况、客流量、店铺租金等方面，如在城市，若干商业圈往往可以带动圈内商业的规模效应，新企业选择建立在商业圈内会较易经营，但与繁华商业圈寸土寸金的消费能力相对应，其店铺租金或转让费十分昂贵，往往会让创业者难以承受，故新企业很难在商业圈内寻得一席之地。为此，创业者可以在商业圈内利用联合经营、委托代销等方式或者在商业圈边缘选址，转向"次商圈"，将因此而节约下来的资金用于货品升级、提升服务等。

新企业在选址时要有"借光"的意识，如在体育馆、展览馆、电影院旁边选址等；选择商圈之外的经营场所，则要注意做出特色，形成自己独特的风格，以达到"酒香不怕巷子深"的效果。

（3）服务性质的新企业选址。服务性质的新企业在选址时要根据具体的经营对象灵活选址，但对客流量要求较高，客流在一定意义上就等于财流。在车水马龙、人流量大的地段经营，服务性质的新企业成功的概率往往比在人迹罕至的地段要高得多，但也应结合企业的目标消费群体特点。例如，针对居民消费的企业应设在居民社区附近，针对学生消费的企业则应设在学校附近；如果服务性质的新企业的经营模式以订单为主，那么低成本、高效能的办公楼成为新企业选址的首选。目前，创业的年轻人多以从事服务性和知识性产品的创业者为主，集中在网络技术、电子科技、媒体制作和广告等产业。这些性质的公司可以选在行业聚集区或较成熟的商务区以及新兴的创意产业园区。

在选择经营场地时，各行业考虑的重点各不相同，其中有两项因素是不容忽视的，即租金给付能力和租约条件。经营场地租金是企业最固定的营运成本之一，即使休息不营业，也得支出。有些货品流通迅速、空间要求不大的行业，如精品店、高级时装店、餐厅等，负担得起高房租，就设在高租金区；而家具店、旧货店等，因为需要较大的空间，最好设在低租金区。

拓展阅读

金角银边草肚皮

店铺选址有“金角银边草肚皮”一说。

（1）金角。店铺选址首选。一般处于街角附近，因为街角汇聚着四面八方的人流，所以顾客立足时间更长，品牌曝光度更高，店铺展示面也更大。像星巴克、肯德鸡都喜欢选这样的位置。

（2）银边。位于街两端处于人流进入的端口。也就是位于商街的开口处，这里是客人产生兴趣，会留出时间停留的地方。因为距离金角不远，所以也不缺客流。

（3）草肚皮。一般指商街中间部分，或是特别深处。虽说“酒香不怕巷子深”，但是在如今快节奏的社会，谁会愿意走那么长的路去到最里面进入你的店铺呢？而且这个地段只有分散的客流，等顾客走到这里时，购物的兴趣也会随着体力的消耗而下降了。在这个位置要完全靠产品吸引客流，不是人人都能在这里开店的。

资料来源：https://www.sohu.com/a/254227332_653453（有改动）。

4. 新企业选址的步骤

新企业选址一般要经过预选地址、前期考察、成本核算、租购物业等几个环节。

（1）预选地址。按照创业企业的主营业务情况，在充分考虑企业文化诉求及行业聚集特征的前提下，确定企业选址的县、区级范围（县、区级范围的确定将直接关系到工商登记注册的办理机关），结合所在区域的交通情况、创业团队成员居住情况、企业服务对象分布状况等重点选择数个集群区作为目标选址，进行对比考察。确定了企业经营场所的县、区级位置后，要优先选择符合企业经营业务的地段、商圈、集群区作为企业经营地址，并对同一区内各个备选区域进行调研。

（2）前期考察。在选择具体经营场所时，不能照搬教条，因为再繁华的地段也会有死角，其他企业运营良好的场所不一定适合自己的企业。因此，一定要对初步确定的经营场所进行考察，具体包括人口调查（周边常住人口数、流动人口数、人均收入情况、消费水平、居民工作行业分布、居民受教育程度等），商圈调查（租金水平、机动车流量、路面宽窄、停车位情况、交通工具转乘情况、现有主要行业等），物业调查（目标场所的水、电、气供应及价格，空调供应，热水供应，停车位，电梯利用情况等）等内容，主要考察该场所是否符合选址原则的要求，是否适合企业的运营。对多个目标场所的各项调查内容进行评分，按照得分高低优先选择分数高的场所作为创业企业最终备选经营场所。

（3）成本核算。经营场所租金是企业运营最固定的成本之一，不管企业经营状况如何，物业租金是一项固定开支，租金高低直接关系到企业的经营成本，因此企业选址时要重点考察租金价格是否合适。

（4）租购物业。在明确了租赁意愿后，就可以与出租方签订房屋租赁合同。在租赁合同中，要明确规定出租方和承租方双方的权利和义务。当出租人与承租人洽商租房事宜时，只要双方就房屋的使用与租金内容达成一致意见，出租人就有义务将符合双方事前约定的房屋交给承租人使用，并应于租赁期间保持房屋处于双方约定的状态。租赁合同签订后，出租方应该将房屋产权证明材料交由承租方，方便承租方办理公司注册相关手续。

小互动

某跨国公司的制造企业分布在中国的广东省、江苏省、山东省、辽宁省、青海省等地，研发中心选在了上海市。仔细思考并回答下面两个问题。

（1）该公司研发中心选址考虑的首要因素是（　）。

A. 交通　B. 人才　C. 市场　D. 资金

（2）该跨国公司在中国多地投资建设制造企业的主要原因是（　）。

A. 扩大市场份额　B. 分散投资风险　C. 建立营销网络　D. 利用廉价原料

二、新企业的注册登记

1. 核名设立

（1）登记注册身份验证。以自然人身份办理用户注册、企业名称登记业务时，代理人和投资人均需通过“登记注册身份验证”App进行用户实名注册并同意办理企业登记注册及有效期设置后，再进行操作。

首次下载App后，系统跳转至系统使用须知页面，强制阅读5秒。认真阅读系统使用须知后，点击“确定”按钮，跳转至登录页面，点击“新用户注册”按钮，进入登记注册页面。基本信息填写完成后，点击“注册”按钮，跳转至刷脸页面。实名验证通过后，即可完成用户注册，注册成功后，跳转至账号管理页面。点击界面上“是否办理企业登记注册”按钮可预约办理企业登记注册，点击“确定”按钮，可对办理企业登记注册截止日期进行选择。在登录时，如果密码输入错误次数超过5次，账户会被锁住，遇到这种情况可以通过刷脸登录并自动解锁或者24小时后重新尝试使用身份证号和密码登录。

（2）新企业的命名。创业者为新企业起一个好名称非常重要。一个好名称代表一个好寓意，是创业者对于事业的美好期望，也是创业者世界观、价值观、品位和情趣的集中体现。企业名称与自然人相对，企业名称是作为法人的公司或企业的名称，该名称属于一种法人人身权，不能转让。企业名称必须经过核准登记才能取得，同时需要遵守《企业名称登记管理规定》和《企业名称登记管理实施办法》，到市场监督管理部门申请注册或者在线注册，否则无效。在给新企业起名时应注意以下几个方面。

① 企业名称要力求创新，与众不同。

② 企业名称要字义和谐，易读易记。

③ 企业名称要简洁，易于传播。

④ 企业名称必须反映经营者的经营特色，使消费者易于识别店铺的经营范围，并产生购买欲望。

⑤ 企业名称必须新颖，能迅速引起消费者关注。

拓展阅读

企业命名的方法

（1）寓意命名法。即采用一些具有美好寓意的字词进行命名。例如，“全聚德”“稻香村”“德胜斋”“吉庆祥”等。

（2）人名或地名命名法。人名或地名具有特殊的含义，看起来朴素简洁，叫起来响亮。例如，“长江集团”“青岛啤酒”“希尔顿酒店”“李宁体育用品”“松下电器”“福特汽车”等。

（3）俗语取名法。俗语较为口语化，具有民众性，易被大众接受。例如，“狗不理包子”“王麻子剪刀”等。

（4）专用字取名法。一类是某行业的习惯用字，另一类是在长期历史发展中形成的某些行业特别喜欢的字。例如，中药店通常会用“堂”字，如“同仁堂”“诚仁堂”等。

（5）雅字取名法。这种是中国特有的商业性命名方法。中国社会受儒家思想的影响，传统上有一种重文抑商的观念，于是一些商人把商业性场所也命名得像文人的书斋一样，常用的有“斋”“阁”“轩”“居”“园”等。

（3）企业名称登记网上申报流程。

① 填报申请信息。明确国家市场监督管理总局和地方市场监督管理局的申请范围，根据需要登录相关市场监督管理部门的官方网站，从“网上办事”或“在线申报”登录企业登记注册申请系统，按要求逐项填报。

在填报信息预览页面，系统会对申请人填写的所有信息再次进行检查；检查通过后可单击“提交”按钮提交信息。检查不通过的，申请人需根据提示修改填报信息，直至被检查通过才可提交。显示状态为“已提交待预审”表示所申报业务已经提交成功，此时申请信息只能查看，不能修改。

② 查看反馈。一般情况下，企业登记机关会在 3 个工作日内做出企业名称设立登记意见。申请人可登录企业登记申报系统查看申请业务审查过程反馈信息。申请状态为“退回修改”的，业务信息可查看、修改或者将申请的业务直接“删除”；申请状态为“已办理成功”的，可打印系统生成的“企业名称网上登记告知书”（含指定代表或者共同委托代理人授权委托书及身份证件复印件）。

2. 提交材料

提交纸质材料的企业要咨询企业住所所在地企业登记管辖有关规定，协商、确认拟注册企业的登记机关。申请人需按要求准备好相关申请材料并现场交给该企业登记机关，领取加盖登记机关业务专用章的“企业名称设立登记通知书”。

对通过全程电子化方式申请登记注册的，申请人提交的主体资格证明、身份证明、批准证书等文件材料，通过全程电子化登记系统提交原件影像（印）件；提交章程、章程修正案、决议、决定等文件材料的，由系统通过格式规范生成或通过全程电子化登记系统传送经签名的原件影像（印）件。

3. 领取营业执照

最新的“五证合一”办证模式，采取“一表申请、一窗受理、并联审批、一份证照”的流程。办证人只需要携带“新设企业五证合一登记申请表”及其他资料前往大厅多证合一窗口办理手续，之后窗口便会将无误资料导入工商准入系统，生成工商注册号。同时，材料会被传递至质检、税务、社保、统计四部门，分别完成后台信息录入后，会打印出载有一个证号的营业执照。

实践训练

活动一 模拟创业企业进行选址

（1）情境设定。假设你是一家时尚百货连锁公司的负责人，公司准备在你所在的省份开设第三家分店。公司拟采用时尚品牌联营专柜的经营模式，投资预算为 4 亿元，计划 4 年内收回投资。让你通过调研提供 3 个备选地址。

（2）拟定选址调研表。与同学自由组合，结成调研小组。带领组建好的团队，根据假定的情境设置查找材料，拟定经营范围，列出企业选址要考虑的若干因素。与团队一起拟定 3 个备选地址。

（3）对备选地址进行调研。根据已拟定的选址考虑因素，对 3 个备选地址进行调研，团队选取合适的方法展开调研，准备好调研工具，如手机、相机、纸笔、激光尺、统计表、路线图等。企业调研一般采用现场观察、深度访谈、资料分析等方式展开，要对所选地域的交通、建筑、租金等状况进行全面分析。

（4）综合分析。对企业选址方案进行综合分析，选择最佳的选址方案。

活动二　认知企业组织形式

阅读、收集与整理关于企业组织形式的材料，并收集相关理论信息。每 2 个学生为一组，自由组合，对企业组织形式的相关理论进行总结归纳。并将总结的内容填入表 8-1 中。

表 8-1　企业组织形式

内　容	个人独资企业	合伙企业	公司制企业
法律依据			
法律地位			
责任形式			
投资者			
注册资本			
出资方式			
经营主体			
偿债义务			
所得税征收			
利亏分担			
解散程序			
解散后的义务			
决策机制			
优点			
缺点			

第九章 新企业的管理与经营

能力目标

（1）掌握新企业不同时期的管理策略。

（2）熟悉新企业营销策略管理、财务管理和人力资源管理的过程与注意事项。

（3）掌握企业文化建设、品牌建设、可持续建设的内容与方法。

问题思考

高工资＝高效率？

F公司是一家生产电信产品的公司。在创业初期，公司依靠一批志同道合的朋友不怕苦、不怕累地从早忙到晚，取得了一定成功。公司发展迅速，几年之后，员工由原来的十几人发展到几百人，业务收入也由原来每月十几万元发展到每月上千万元。

企业做大了，员工数量增多了，但公司领导黄某却明显感觉出大家工作的积极性越来越差。黄某一贯注重思考和学习，他特意到书店买了一堆成功企业经营管理方面的书进行研究。有一天，他看到这样一段话：“经营的原则自然是希望能做到‘高效率、高薪资’。效率提高了，公司才可能支付高薪资。但松下先生提倡‘高薪资、高效率’时，却不把高效率摆在第一个努力的目标，而是借着提高薪资来提高员工的工作意愿，然后再达到高效率。”他想，公司发展了，确实应该考虑提高员工的待遇，这一方面是对老员工为公司辛勤工作的回报，另一方面是吸引高素质人才加盟公司的需要。

于是，在黄某的领导下，F公司重新制定了薪酬制度，大幅度提高了员工的工资，并且对办公环境进行了重新装修。高薪的效果立竿见影，F公司很快就聚集了一大批有才华、有能力的人。所有的员工都很满意，大家热情高涨，工作十分卖力，公司的精神面貌也焕然一新。但这种好势头不到两个月，大家又慢慢恢复到懒洋洋、慢吞吞的状态。

资料来源：https://wenku.baidu.com/view/d75cc4360b4c2e3f57276346.html（有改动）。

想一想 F 公司的症结在哪里？如何对新企业实施最有效的管理？

第一节　新企业的管理策略

企业在创业初期若要良性运转，若想更好地发展，自身应加强内部管理，做好企业内部的资源积淀，从人力资源到物力资源都做好充分的准备。这样，企业才能稳定地过渡到成熟发展的阶段。

一、新企业初期的管理策略

企业管理是一门艺术，做好这项工作需要企业管理者学习各方面知识，并将其运用到实践当中去。企业发展初期，企业管理者就应该考虑企业未来的发展方向。

（一）新企业的财务管理

财务管理是企业管理活动的一项重要内容，是对资金进行的管理，主要解决企业资金的筹集、运用和分配等问题。财务管理讲求成本效益原则，通过对资金的管理，更有效地为企业带来效益。

（1）转变观念，视财务管理为企业管理的重要内容。财务管理是创业初期企业普遍存在的薄弱环节，是限制创业初期企业继续发展、做大做强的瓶颈。有些企业经营多年却不见成长，甚至规模越做越小，其原因可能是多方面的，但经营者必然缺乏财务管理的理念，不能对资金进行有效的管理和运用。企业要发展，必须转变观念，要重视财务管理，做好财务管理的基础工作。

（2）加强学习，了解财务管理方面的基本法规和基础知识。学习财经法律、法规和财务管理的相关基础知识，只有懂规则、懂专业知识才能进行有效地管理，也可避免因不懂规则而造成的一些不必要的损失。银行贷款要看现金流量表，税务局征税要看纳税申报表，投资人投资要看资产负债表和利润表，这些文件都需要企业负责人签字，企业负责人是企业财务工作的最终责任人。虽然财务部门能很好地处理财务事项，但作为企业经营者，至少要能看得懂这些报表。

（3）从事务中解放出来，为财务管理多动脑筋。作为企业的投资人，个人精力和时间是有限的，一旦身陷具体的经营或管理事务，将无暇顾及企业发展等问题。要把自己从日常事务中解放出来，必须考虑聘用专业的人士管理财务。如果没有条件聘请专人管理，也可聘请专业咨询机构，或与专业咨询机构建立联系，保证咨询渠道的畅通。

（4）记录是管理的基础，要有完备的经济业务记录。缺乏完善的记录，所有的财务分析、财务决策将成为空谈。财务记录的核心内容是凭证、账簿和报表。

① 会计报表是会计工作的最终结果。会计报表依据会计账簿来编制，而会计账簿又要依据会计凭证来登记。

② 作为经营者或投资人，看财务资料时应更关注会计报表。

③ 要特别注意的是，各种经济业务发生的原始凭证（如销售单、出库单等）一定要保存完整，并及时转交会计记账。这是一切财务工作的基础，没有完整的原始凭证，不可能做出真实的会计报表。账簿可以提供每笔业务发生情况的信息。通过账簿记录可以更详细地了解各类账户的发生额及余额等信息。

（5）要抓企业核心资产。企业的资产有多种不同的形态，不同的资产有不同的特征。现金流动性强，存货经过多种环节流转并转换形态，固定资产单位价值大。这些资产都是企业的核心资产，必须加强管理。

① 单据管理要完整、严密。单据要一式几联，明确各联的作用，并注意单据的连续编号。每日的销售单与收到的销售款项要核对。

② 职责分工要明确。不相容职位必须分离，如记账、出纳职位必须分离。

③ 要定期对账。现金是企业流动性最强的一项资产，容易被挤占、挪用。出纳员要经常进行对账工作，包括每日结出现金日记账余额并与库存现金核对相符，定期与会计核对账目等。要严格执行现金突击盘点及与银行对账制度，及时发现和处理问题。

④ 定期盘存。存货是企业的又一项重要资产，占企业资产的比重往往很大，对存货也必须加强控制，要做好存货的入库、保管、出库等环节的记录，并且要定期或不定期地盘存。至少每年度要盘点一次，做到账实相符。

财务管理是企业管理的一项基础性工作。在企业创业初期，做好了财务管理这项工作，将为企业的发展壮大奠定良好的基础。这要求企业的经营者或投资者重视财务管理工作，并持续地改进这项工作，从而使财务管理为企业创造效益。

（二）新企业的人力资源管理

1. 新企业的组织设计原则

（1）精干原则。基本要求就是部门尽量减少，企业业务量实行职能归类管理。一般生产型企业有这样几个部门就基本足够了，即生产管理部门、质量管理部门、技术开发部门、营销管理部门、财务部门、人事行政部门（包括办公室在内），其他如采购、仓库管理部门，要么就归并到上面某个职能部门内，要么只设岗位，不设部门，指定某个领导负责。

（2）垂直管理原则。企业实行垂直管理是指企业内部从上到下实行的金字塔式的垂直领导，下属部门只接受一个上级的指令，各级主管负责人对所属单位的一切问题负责。垂直管理体现的一个基本原理就是只听一个领导的安排，而不是很多人都来安排同一件事。

（3）独立原则。组织中的各部门要分工明确、权责清晰。这个部门负责什么，那个部门负责什么，尽可能清晰明了，不要相互交织；权责一旦清晰，就要尊重这些权责的所属。

（4）扁平化原则。本着效率原则，企业的组织设计，其管理层级最好能够尽量缩减。一般设置四个层级（总裁—部门经理—部门主管——般员工）基本就够了。指令下达或报告审批，如果需要经过很多程序，往往贯彻起来速度就会很慢，甚至导致指令失真。

2. 创业初期的人力资源制度

一个新公司，制度并非大而全就好，只是一些关键性的制度不能少。初创企业需要的人力资源制度如下。

（1）基本的薪酬分配制度。

（2）考勤制度。

（3）人员招聘制度（不能把一些根本不符合要求的人招到公司来）。

（4）奖惩制度。

3. 创业初期的人才队伍建设

（1）公司的高层管理团队建设。需要员工对公司经营思想有高度的认同，否则以后在日常的工作中很容易出现冲突。

（2）公司的基层管理团队建设。能力和职业意识对公司的基层管理团队建设很重要。没有能力，事情做不好；没有职业意识，即使能力强，做事情也不会用心，甚至牢骚一堆。能力和职业意识都是可以培养的，关键是要选对人。

（3）公司员工队伍建设。最核心的就是公司做事要公平，对员工的付出要给予合理的回报。各级管理人员对员工的工作一定要做细，不仅要求员工完成工作任务，也要关心员工的生活。

小互动

一个品牌要想在市场上获得成功，产品力是至关重要的。请你利用 3 分钟的时间向班级的同学进行“自我推销”，用 3 ~ 5 个关键词来概括自己，说明这么概括的原因。在自我推销的过程中要注意文明用语和商务礼仪。

（三）新企业的营销策略管理

市场营销是从卖方的立场出发，在不断变化的市场环境中，以消费者需求为中心，通过交易程序，提供和引导商品或服务到达消费者手中，满足消费者的需求与利益，从而获得利润的企业综合活动。

1. 目标市场策略

目标市场策略是指企业通过市场细分选择了自己的目标市场，专门研究其需求特点并针对其特点提供适当的产品或服务，制定一系列的营销措施和策略，实施有效的市场营销组合。一般来说，目标市场策略包括无差异性市场策略、差异性市场策略和密集性市场策略。

（1）无差异性市场策略。企业不考虑各个细分市场之间的差异，只推出一种产品、设计一套市场营销组合方案去满足整个市场的需求。其优点为：生产经营品种少、批量大，节约了成本，提高了利润率。缺点为：忽视了需求的差异性，市场部分需求得不到满足。

（2）差异性市场策略。企业准备为各个细分市场或为许多细分市场服务，并按照各个细分市场的需求差异，分别提供不同的产品、设计不同的市场营销组合方案去满足目标市场的需求。其优点为:适应了各种不同的需求，能扩大销售，提高市场占有率。缺点为:增加设计、制造、管理、仓储和促销等方面的成本，造成市场营销成本的上升。

（3）密集性市场策略。又称集中性市场策略，即企业以一个或少数几个细分市场作为目标市场，并集中力量为目标市场服务。密集性市场策略有利于树立和强化企业形象及产品形象，在目标市场上建立巩固的地位；同时，由于实行专业化经营，可节省生产成本和营销费用，增加盈利。

2. 产品定位策略

产品定位是针对消费者或用户对某种产品、某种属性的重视程度，塑造产品或企业的鲜明个性或特色，树立产品在市场上的形象，从而使目标市场上的消费者了解和认识本企业。这里的产品定位与前文提到的目标市场定位有一定区别。目标市场定位是指企业对目标消费者或目标消费市场的选择，而产品定位是指企业选择什么样的产品来满足目标消费者或目标消费市场。一般来说，新企业应先进行市场定位，然后进行产品定位。具体而言，产品定位策略主要有以下几种。

（1）产品专门化策略。即产品组合单一，在产品组合坐标系中，该产品处于原点位置。例如，可口可乐公司在相当长的时间里实行的是产品专门化策略，以统一的产品、包装、价格和宣传推广向全世界的消费者提供可口可乐。产品专门化策略在一定程度上视消费者的需求为无差异。

（2）产品差异化策略。企业通过自己的营销努力使产品组合向深度、广度发展。例如，可口可乐公司在满足消费者多样化需求的前提下，生产了雪碧、健怡可乐、芬达、酷儿等产品，从更多的角度满足了消费者的需求。

（3）产品边缘化策略。产品组合由深度向关联度发展。例如，金利来的产品组合最初只是生产各种档次、规格、系列的男性领带，而现在其产品涉及男女用钱包、箱包、服装等多个领域，从多方面满足了男性消费者和女性消费者的需求。

（4）产品多角化策略。产品组合由关联度向广度发展或由深度向广度发展。例如，海尔集团最初是靠生产冰箱起家的，但是如今已拥有包括电视机、洗衣机、空调、计算机等在内的 800 多个的产品。

3. 市场营销组合策略

市场营销的主要目的是满足消费者的需要。消费者的需要多种多样，要满足消费者需要所应采取的措施也有很多。因此，企业在开展市场营销活动时，就必须把握住那些基本措施，合理组合，并充分发挥整体优势和效果。市场营销组合策略主要体现在四个因素上，分别是产品（product）策略、价格（price）策略、分销（place）策略和促销（promotion）策略，这就是市场营销的“4P”组合。

（1）产品策略。包括产品发展、产品计划、产品设计、产品交货期等决策的内容，其影响因素包括产品的特性、质量、外观、附件、品牌、商标、包装、担保和服务等。

（2）价格策略。包括确定定价目标、制定产品价格的原则与技巧等内容，其影响因素包括分销渠道、区域分布、中间商类型、运输方式和存储条件等。

（3）分销策略。研究使商品顺利到达消费者手中的途径和方式等方面的策略，其影响因素包括付款方式、信用条件、基本价格、折扣、批发价、零售价等。

（4）促销策略。研究如何促进消费者购买商品以实现扩大销售目的的策略，其影响因素包括广告、人员推销、宣传、营业推广、公共关系等。

小思考

逛超市的时候，你有留意过里面的促销活动吗？超市常见的促销手段有哪些？什么样的促销手段最能吸引你的注意力？

二、新企业成长期的管理策略

在安全度过了企业初期之后，新企业会进入成长期，做好成长期的管理，对于新企业的后续发展壮大有着十分重要的意义。

（一）影响企业成长的重要因素

1. 企业文化

企业文化是组织内部环境的一个主要方面，包括全体成员共同享有的核心价值观、信念、共识、规范和行为准则等。企业文化决定了企业的内部凝聚力和外部感染力，企业文化必须适应组织战略和外部环境的需要。理念是企业经营的基本思想，企业文化和理念是企业成长的思想根基，是企业成长的精神支柱。

小思考

你认为什么是企业文化？企业文化对企业有什么作用？列举出 3 个著名企业案例，说一说它们的企业文化是如何塑造优秀员工的。

2. 创新管理

进入成长期的企业管理应有不同于初创期的管理方式。管理者除了要建章立制，在制度的规范和管理下充分发挥企业员工的主观能动性与工作积极性外，更重要的是要学会创新管理、科学管理。没有任何一个人或组织天生就具备完美的能力去实现创新。相反，只有在经历了各种尝试和挫折，反复总结并研究这些问题后，才能摸索出适合自身企业的管理方法。一旦确定了市场，就要开始准备生产产品、优化服务，使企业进入正常的发展轨道。同时，企业内部需要实行根本变革，把过去非正式的、无系统经营的企业转变为有计划、有目的和严格组织的规范企业。可以说，每个成功的企业都有一套独特的、不可简单复制的企业管理模式。

3. 组织变革

组织变革是为了企业能更好地发展。企业家可以从大体上把握企业，计划某些重点领域的关键变革，使企业更加顺利地迈入下一个阶段。

4. 战略管理

企业的核心战略是企业在未来某个时期要达到的高度或目标。核心战略是一个企业的主题，企业围绕这一主题发展。因此，企业发展的首要任务就是正确评估市场，确定其竞争的市场并制定核心战略。

5. 技术创新与服务创新

技术创新是企业成长非常重要的助动力。技术创新包括新产品和新工艺的开发、原有产品和工艺的显著技术革新。一项核心技术的突破可能改变或导致下一个全新市场的出现，先进技术的使用和传播将使企业获得较大溢出收益。当这些情况发生时，企业需要创新出不同的方法来组织和管理；如果仍然用静态环境下的既有模型来管理，企业的反应将落后于变化，会面临被敏捷的后来者击败的危险。

6. 商业模式

商业模式是一种创造和获取价值的机制，通常包括价值主张、创造价值的机制、能力和过程及在价值网络或生态系统中的位置。商业模式的各个要素都能产生可以带来价值的创新。成长企业是否能够得到长久的发展，并不是体现在公司积累了多少资源、创造了多少业绩上，而是体现在企业的利润是否可以实现健康、可持续的发展上。因此，管理者应着眼于怎样实现利润的可持续增长。

（二）企业成长创新的方法

1. 自主创新

自主创新是指企业主要依靠自身的人力资源和技术资源进行研究与开发，实现创新科技成果的商品化，并最终因技术创新而得到收益。自主创新将目标定位于技术的率先性和市场的领先地位，因而这种创新在竞争中会显示出比较明显的优点。

（1）自主创新有利于创新企业为自己构筑起较强的技术壁垒，特别是当自主创新的企业在一定时期内掌握了某项核心技术时，就可借助专利的保护，通过控制关键性核心技术的转让，在一定程度上控制某种产品甚至行业技术方面的竞争，在竞争中处于十分有利的地位。

（2）自主创新的企业将技术的自主攻关和领先开发定位为追求的目标，在一个全新的技术领域寻求突破，其创新的空间是比较大的。某项核心技术在开发成功之后，很可能会带动一大批新技术的诞生，形成创新的集群现象。

（3）自主创新有利于创新企业培养独立的技术能力，提高技术积累的整体水平，并在此基础上培育核心能力。

2. 模仿创新

模仿创新，是指在率先创新者的示范影响和利益机制驱动下，企业通过合法手段（如通过购买专有技术或专利许可等方式）引进技术，并在率先创新者技术的基础上改进创新，或在一项技术出现以后模仿新技术创新的方法。模仿创新的优势在于模仿新产品的低成本和低风险，能够超越率先创新者的产品，更好地满足市场需求。对于新企业而言，模仿创新可以使其在激烈的竞争中处于有利地位，主要体现在以下三个方面。

（1）投入较少。率先创新企业面临艰巨的新技术和新市场开发的任务，必然要在创新链的前期（研发阶段）和后期（市场开发阶段）投入足够的人力、物力，在创新链上资金分布较为均衡。模仿创新机制需要在创新链的中游环节投入较多的人力、物力，使创新链上的资源分布向中部积累，可以缓解中小企业资金不足的现状。

（2）风险小。模仿创新最大限度地吸取率先创新者成功的经验与失败的教训，继承率先创新者的成果。模仿创新者之后进入新技术领域，有效地降低了技术的不确定性风险。

（3）成功率高。模仿创新在失败率方面较率先创新要低，因为模仿创新所做的主要是学习和渐进性改进的工作。由于模仿创新产品进入市场晚，企业可以观望市场的发展和演变，选择适当的时机进入，可有效避免市场沉默所致的损失。另外，进入市场的适当滞后还可以规避市场开发初期需要承担的市场行为不确定性风险。

3. 合作创新

创新时间的缩短对创新成功起着决定性的作用。合作创新可以加速资源的整合，实现优势互补，缩短创新时间。这一模式有助于新创企业降低创新成本和风险，因为合作的双方或多方可以分摊创新成本，并分散技术创新带来的风险。合作创新还有助于新创企业打破技术和市场壁垒。最常见的合作创新方式有以下两种。

（1）产学研合作创新。新创企业与高等院校、科研机构合作创新的模式。高等院校、科研机构一般具有较强的研究开发能力，但通常缺乏生产和销售能力。如果新创企业能够与高等院校和科研机构联合起来进行创新，那么会形成优势互补、共同发展的局面，也会带来双赢效果。

（2）企业之间的合作创新。新创企业与其他企业联合起来共同创新的模式。全球经济一体化速度加快，产品更新周期缩短，技术创新伴随着高投入和高风险等多种因素，都推动了企业之间的合作创新，甚至原来是竞争对手的企业也在进行合作。

4. 引进创新

引进创新是指新创企业引进国内外有市场前景的、先进的和实用的技术，在此基础上进一步创新，以实现既定目标的创新方法。从国外引进技术可采用多种方式，采用中外合资或合作的形式，在国际市场上购买专利技术，寻求国外的技术咨询和技术服务，合作研究与开发和引进关键技术或关键设备等。引进创新对于新创企业来说具有以下优势。

（1）直接引进国外的先进技术往往有较大难度，因此，新创企业可以引进或购买国外刚刚上市的新产品或非专利产品，并在此基础上进行二次创新，这种做法可以为新创企业节省大量的研发经费。

（2）有条件的新创企业可以通过许可证贸易等有偿技术转让方式引进实用的专有技术知识和专利。这种方式所需要的费用可能较高，但是可使技术应用合法化，可节省自行探索的时间，降低风险；有时还会取得许可方的帮助，可以更快、更有效地制造较高质量的新产品。

（3）可以通过人才引进方式获得许可方的技术帮助。由于引进创新的方法不需要投入大量的研究开发力量，且成本低、风险小、收益快，因而常常被新创企业所采用。

经典案例

创造工程机械“零的突破”

1958年，500多名建设者从上海和全国各地来到柳江西岸，在一个叫“龙腾背”的荒地中打下柳工的企业根基，建立起了柳州工程机械厂（柳工集团的前身）。1966年的国庆节，柳工凭借能吃苦、敢借鉴、肯钻研的劲头，成功研制出中国第一台有资质认证的轮式装载机Z435，拉开了中国装载机生产的序幕。

在那个物资短缺、设施落后的年代，柳工人以拓荒者的姿态耕耘梦想，播种希望。继中国首台轮式装载机之后，柳工又创造了中国工程机械许多“零的突破”：1971年，中国第一台铰接式装载机Z450在柳工研制成功；1993年，柳工上市，成为全国工程机械行业和广西第一家上市公司；2009 年，柳工印度公司成立，成为柳工第一家海外制造基地，标志着柳工从海外营销向海外制造的转变……

历经 63 年风雨沧桑，柳工成长为拥有五大全球研发基地、13 家海外子柳工、20 个制造基地、12 个区域配件中心、1 万多名员工的国际化企业。如今，柳工在全球有 300 多家代理商，在全球 170 多个国家和地区都能看到柳工产品的身影。“世界柳工源自中国”，这不仅仅是一句口号，更是中国制造“走出去”的生动实践。

“十三五”期间，柳工年均复合增长率达 28%，增速位于行业前列。2020 年，柳工实现疫情防控和生产经营双胜利，并成功实施混合所有制改革，迈出混改的关键一步。2021 年第一季度，柳工整机产品国内市场销量超 2 万台，实现新突破；海外业务重点区域销量同比增长 50% 以上；挖掘机产销创历史新高，同比增长均超 100%；装载机产量同比增长 73%，创下近 10 年新高。

资料来源：http://gx.people.com.cn/n2/2021/0511/c179435-34718932.html（有改动）。

第二节 新企业的建设与发展

21 世纪是一个智力竞争、科技竞争、创新竞争的时代，新企业的建设与发展离不开企业文化建设、企业品牌建设和企业的可持续建设等，这些是企业能够在市场激烈竞争中制胜的法宝。

一、新企业的企业文化建设

创业者在创业初期，大多注重物质回报，而不重视精神或文化方面的建设；有些创业者对创业的想法非常简单，缺少长远的计划；由于创业初期比较艰难，创业者往往将大多数精力和资源都投入如何使企业生存上面；还有的创业者受本身的能力或知识背景限制，不知道应该如何创建企业文化，因而往往会忽视企业文化建设。

（一）企业文化的含义

企业文化是企业的价值观、经营理念、群体意识和行为规范的总和，而其最基本、最核心的部分就是企业的价值观。企业文化不能脱离企业的经营管理，企业的经营管理特色决定了企业文化的特色。

（二）企业文化建设的原则

1. 以人为本

文化应以人为载体，人是文化生成与承载的第一要素。企业文化中的人不仅体现在企业家、管理者身上，也体现在企业的全体员工身上。企业文化建设要强调关心人、尊重人、理解人和信任人。企业团体意识的形成，首先是企业的全体成员有共同的价值观念，有一致的奋斗目标，这样才能形成向心力，才能成为一个具有战斗力的整体。

2. 内外一致

企业文化属于意识形态的范畴，但它又要通过企业或员工的行为和外部形态表现出来，这就容易造成表里不一的现象。因此，建设企业文化要从员工的思想观念入手，使员工树立正确的价值观念和哲学思想，在此基础上形成企业精神与企业形象，防止形式主义、言行不一的现象。

3. 注重个体差异性

个体差异性是企业文化的重要特征之一。文化本来就是在本身组织发展的历史过程中形成的。每家企业都有自己的历史传统和经营特点，企业在进行文化建设时要充分利用这一点，只有建设具有自己特色的文化，才能在众多企业中独树一帜，打造竞争的优势。

4. 重视经济性

企业是一个经济组织，企业文化是一个微观经济组织的文化，故应具有经济性。所谓经济性，是指企业文化必须为企业的经济活动服务，有利于提高企业生产力和经济效益，有利于企业的生存和发展。

小思考

如果一个企业中特立独行的人很多，那么这个企业的企业文化会是什么样的？如何去管理这些人？你认为作为一名员工，是终身被一个企业雇用好，还是有好的机会就去跳槽？

（三）企业文化建设的方法

建设企业文化实际上就是要重新审视企业所遵循的价值观体系，根据长远发展战略重新建立起一套可以共享、传承，可以促进并保持企业正常运作及长足发展的价值理念、思维方式和行为准则。新企业可从以下两个途径来进行企业文化建设。

1. 企业理念建设

新企业要想切实建立企业价值观体系，首先，要从实际出发，从企业自身所处的地位、环境、行业发展前景及其经营状况着手，通过大量枯燥但是必需的调研、分析，结合企业家本身对企业发展的考量，从企业发展众多的可能性中确认企业的远景。其次，要依据企业发展必须遵循的价值观，确立企业普遍认同、体现企业自身个性特征的，可以促进并保持企业正常运作及长足发展的价值体系。特别是企业战略目标和经营理念，无论社会环境和时间怎么变化，都应是成立的。

2. 行为文化建设

制定企业理念之后，企业并不只是把它形式化、停留在口号的层面，而是需要贯彻，需要对员工的理想追求进行引导，主要可从以下几个方面着手。

（1）规章制度。企业理念能够落实，最重要的应该表现在企业的规章制度中，使员工的行为能够体现出企业理念的要求，如员工行为规范、公共关系规范、服务行为规范、危机管理规范、人际关系规范等。

（2）工作与决策。企业理念必须反映到企业的日常工作和决策中，企业领导应该以身作则，使员工有效跟从和效仿。

（3）典礼、仪式。必不可少的各类典礼和仪式可以有效推广企业理念，丰富生动地贯彻到各个方面，如企业各类会议、展览、庆典及企业内外部节日等。

（4）榜样和典范。企业要实施和贯彻企业理念，就需要树立值得各个部门员工学习的榜样，即典范或优秀人物，让所有员工切实感受到企业理念的影响。

（5）传播途径，教育培训。企业要建立有效传播企业理念、共享价值的体系，让员工切实地参与到企业文化中。创业者可以建立畅通和多样化的途径，如内部网络、报刊、论坛、宣传阵地等，并利用这些途径经常性地对员工进行教育和培训。

二、新企业的品牌建设

被誉为“现代营销学之父”的菲利普·科特勒（Philip Kotler）对品牌的定义是：一种名称、术语、标记、符号或图案，或是它们的相互组合，其目的是用以识别企业提供给某个或某群消费者的产品或服务，并使之与竞争对手的产品或服务相区别。具体来说，品牌是人们对一个企业及其产品、售后服务、文化价值的一种评价和认知，是一种信任，是消费者对产品及产品系列的认知程度。

（一）企业品牌的内涵

（1）企业品牌传达的是企业的经营理念、企业文化、企业价值观及对消费者的态度等。企业品牌能够有效突破地域之间的壁垒，开展跨地区的经营活动，并且为各个子公司提供一个统一的识别形象，使不同的产品之间形成关联。企业品牌不易被复制、模仿，是企业最大的无形资产。

（2）企业品牌的内涵至少应包含商品品牌和服务品牌两项内容，并在两者的基础上衍生出企业品牌。只有企业建立有别于竞争对手的富有企业文化内涵的、独特的服务品牌，才能不断提升商品品牌的价值含量和提高企业的美誉度；否则，企业品牌的内涵就要大打折扣。

（3）企业品牌是在企业成立的初期设定的。通常，企业品牌同它所提供的特定的产品或服务相联系，在随后的经营过程中，不会轻易调整。企业品牌确定了其专属领域的位置，便于客户形成清晰的认知。

（二）中小企业品牌建设的方法

大部分中小企业还处于企业的成长阶段，这时候的企业领导者一定要把品牌的实施推广作为企业最重要的事务来抓，一切工作的主题围绕品牌的培育进行，并深入产品的质量、服务、生产流程、特质、企业文化等方面，使产品给消费者不断带来良好的信息刺激，形成消费者对品牌的忠诚度，使企业能在较短的时期走出市场底层，摆脱处处被人挤压的被动局面。

1. 进行准确的品牌定位

很多中小企业在创业和产品生产之初没有明确进行产品定位，一切只凭感觉或随大流，在经营过程中也没有根据市场和自己的实际情况给产品重新找准品牌定位，企业的品牌形象模糊，这样很难给市场与消费者一个良好的和较深刻的印象，一旦市场波动或出现其他不利因素，就极易被市场淘汰。

2. 从产品质量、服务开始创建品牌

质量是品牌的生命，是品牌的灵魂，没有质量的产品注定要被市场所淘汰，其品牌也就无从谈起。因此，对于中小企业而言，在创建企业品牌的过程中要严把产品的质量关，保障优质的服务，根据市场和客户的需求不断创新和提高，这样才能使产品逐渐被消费者认可，形成一批优质忠诚的消费者。

3. 打造特色的品牌文化

品牌文化是产品在实际使用价值之外给予消费者的一种印象、感觉和附加价值，如归属

感、身份感、荣耀感等。企业只有具有一定的品牌文化，才可能全面地满足消费者的需要。

在建设品牌文化之前，企业首先要弄清楚企业品牌存在的根本意义是什么，它和消费者、政府、竞争者等其他市场主体间构成了什么样的关系，它主张一个什么样的价值观、产品研发观、产品观、市场观和服务观等。其中，价值观犹如个人的世界观，被企业称为企业精神，是品牌文化建设的核心内涵，其他理念则由它延展开来。品牌文化是一种外化的企业文化，最终要使消费者受益，因此，企业就必须考虑那些消费者能看得到的并依此评估其价值观的特征，如效率、乐趣、卓越、美、地位、道德、尊严和精神面貌，并运用比喻、象征的手法予以提炼。

4. 制订整体的品牌计划，进行品牌传播

品牌的创建应着眼于整体，循序渐进，不断积累。品牌的传播是系统、规范、持续的；否则，再好的品牌也会很快被消费者淡忘，退出历史舞台。对于中小企业来说，品牌传播需要在不同时期采用不同的策略。

（1）品牌初创期。这时，企业应以提高品牌知名度为主要任务，告诉消费者“我是谁”“我的优势是什么”。中小企业在这一阶段要拿出魄力，敢于做宣传，大力推销自己，以销售来促进产品的生产，扩大产品的市场份额与品牌的影响力。企业要有专门的企划部和专业人才来进行品牌宣传推广，这也是企业初创阶段至关重要的环节。

（2）品牌成长期。这时，企业应以提高品牌影响力尤其是美誉度为主要任务，品牌以感性诉求赢得消费者在情感上的认可与偏爱。

（3）品牌成熟期。这时，企业应以巩固品牌的影响力，成为区域文化或国家文化的代表为主要任务，告诉消费者品牌代表了什么样的文化观念、民族性和国家精神。例如，可口可乐已经成为美国文化的符号，被视为“崇尚个人感受”的美国文化的代表。

拓展阅读

彰显创新创造磅礴力量

2020年，中国有133家企业进入世界500强榜单，居于世界首位。“十三五”以来，进入世界500强的中央企业达到48家，民营企业500强门槛从2016年的100亿元提升至2020年的200亿元。

中国自主品牌博览会中，线上线下展示平台同步搭建，线下展览占地约2.5万平方米，线上展览以线下实体展览为基础，设置1个云上序厅、37个云上地方展馆和

19个云上央企展馆，中国品牌精彩纷呈。

（1）以自主创新成就中国品牌。国机集团展示的8万吨模锻压机模型、东方红拖拉机模型等，展示了企业在推动中国制造走向世界方面的品牌力量。8万吨模锻压机可以用于钛合金、铝合金、高温合金等大型模锻件制造，为我国航空、舰船、电力、核工业等行业提供高性能的产品。

（2）以工匠精神塑造中国品牌。吉林展馆中，“吉林一号”商用遥感卫星、“复兴号”高速动车组等展品，向世界呈现了吉林“智造”成就。2015年，长光卫星公司自主研发的高分辨率遥感卫星“吉林一号”升空，开了我国商业卫星应用的先河。依托“星载一体化”关键技术，经历十几次发射，“吉林一号”卫星在轨运行数量增至28颗，建成了我国目前最大的商业遥感卫星星座。

从中国制造到中国创造，中国品牌的空间广度不断拓展。

资料来源：http://cpc.people.com.cn/n1/2021/0514/c64387-32102876.html（有改动）。

三、新企业的可持续发展建设

随着经济全球化进程的加快，市场环境变得更加不确定，市场竞争更趋激烈；同时，消费者的需求也变得更加多样化、个性化和理性化，这些对企业实现长期可持续发展提出了更高的要求。企业可持续发展是指企业在追求自我生存和永续发展的过程中，既要考虑企业经营目标的实现和企业市场地位的提高，又要保持企业在已领先的竞争领域和未来扩张的经营环境中始终保持持续的盈利增长与能力提高，保证企业在相当长的时间内长盛不衰。

（一）企业可持续发展的关键因素

1. 核心竞争力

企业的核心竞争力是支撑企业可持续发展的关键因素。从本质上讲，企业的核心竞争力是一种不易被竞争对手超越的独特能力，它表现为持续的学习能力、独特的企业文化、不断创新的能力及较强的实践能力。拥有强大核心竞争力的企业能够适应社会，在竞争中立于不败之地，能够实现企业的可持续发展。

2. 持久的创新力

持久的创新力是企业可持续发展的有效保证。创新力是指当企业在面对各种市场机会和市场竞争压力时，为了达到优化状态，所表现出来的能够适时地对内外生产经营要素进行重新组合以实现利润最大化的能力。创新力已成为企业可持续发展的不竭动力。

3. 明确的企业使命

企业使命是企业开展活动的方向、原则和哲学。企业使命具有探寻企业本质、塑造企业特征、明确企业目标、引领企业成功的重要作用。企业使命建立在对企业现在及未来深入思考的基础上，决定着企业的总体定位，为企业的长远发展指明方向。企业使命是企业存在的意义和价值，是企业所肩负的最大责任或企业存在的最根本目的。

4. 新业务领域的开拓

企业要根据市场的变化，开拓新的主导业务领域。现代社会，由于市场变幻莫测，企业为了实现利润最大化目标，应当根据实际条件，不断调整主导产业、主导业务，实现企业的可持续发展。

（二）企业可持续发展战略

企业可持续发展战略是企业可持续发展的指导思想，它指出企业可持续发展的目的、使命和长期发展规划，为企业资源的优化配置提供指导方向，为企业可持续发展提供竞争引擎和优良的生存环境。企业可持续发展战略主要包括创新可持续发展战略、文化可持续发展战略等。

1. 创新可持续发展战略

创新是指建立一种新的生产函数或供应函数，是在生产体系中引进一种生产要素和生产条件的新组合。经济发展来自企业内部自身创造的关于经济生活的一种变动，创新是一个内在的因素。

现代创新理论的提出者约瑟夫·熊彼特强调，创新是对惯例行为的偏离，创新不断打破均衡。熊彼特的创新理论主要是指生产力方面。企业可持续发展的核心是创新。企业创新是全方位的创新，其核心是观念创新，其次是技术创新。技术创新是指新的技术在生产等领域的成功应用，包括对现有技术要素进行重新组合而形成新的生产能力的活动。技术创新是一个全过程的概念，包括新发明、新创造的研究和形成过程，也包括新发明的应用和实施过程，还包括新技术的商品化、产业化的扩散过程，即新技术成果价值化的全过程。

2. 文化可持续发展战略

优秀的企业文化是企业战略制定获得成功的重要条件，它包含三个层次，即精神文化、制度文化和物质文化。精神文化是基础，是核心，是企业文化的内容实质；制度文化和物质文化是在精神文化基础上表现出来的或形成的形式和结果。

企业文化具有鲜明的个性，有利于企业制定出与众不同的、克敌制胜的战略，指导形成有效的企业战略，并且是实现企业战略的驱动力和重要支柱。制定企业战略之后，企业文化应该随着新战略的制定而有所变化。企业文化一旦形成，企业要对其进行变革，难度是很大的，因为企业文化具有较大的刚性及一定的持续性。在战略管理的过程中，企业内部新旧文化的更替和协调是战略实施获得成功的保证。

拓展阅读

2020 中国企业可持续发展指数报告

《2020 中国企业可持续发展指数报告》选取了 12 个不同行业、不同地区、不同所有制类别的 1 042 家全样本企业开展测算化评价，测算基础数据时间为 2019 年 1 月 1 日至 2019 年 12 月，报告着眼于企业竞争力、环境、社会三个维度及八个方面的表现，并结合三年累计数据，对比分析企业可持续发展变化趋势，探索企业可持续发展方向。

报告显示，2020 年中国企业可持续发展整体表现稳中有升。不同企业之间竞争力差异明显，创新发展趋势显现，积极推进数字化、智能化发展，但可持续发展战略的制定和落实仍待强化；企业环境信息披露呈现良好发展态势，环境治理的成效逐渐显现，资源利用效率持续提升，循环经济体系建立需要长期努力。企业在社会纬度方面普遍表现良好，但培育绿色消费市场有待加强。研究报告建议企业应以产业转型升级为契机，提高中高端产品或绿色产品的占比，引导消费者绿色消费，助力实现绿色低碳循环发展。

资料来源：http://hn.cnr.cn/hngbxwzx/20200928/t20200928_525279390.shtml（有改动）。

实践训练

活动一　旧物改造与营销

（1）进行分组，收集旧物。将学生分组，5 人为一组，收集闲置旧物。学生可以从自己家里收集，也可以从学校收集，同时准备旧物改造的工具（如剪刀、胶水、胶棒、彩笔等）。

（2）开展旧物改造。小组成员以小组为单位，开展旧物改造，充分发挥想象力与创造力，设计出本组的作品。每个小组把自己的作品名称及所用材料做出文字说明，并附在展品上。

（3）进行旧物改造评比。在校园寻找合适的位置布置展示台，各小组将自己的作品移至展示台上。各小组分别为他们设计的作品制定一个拉票方案，向全学院的师生介绍自己的作品，让支持自己作品的师生在文字说明的纸上签名。

（4）进行班级评选。各小组统计自己所得签名的数量，教师在讲台上记录，评选出最佳创意小组。

（5）小组之间开展讨论。

问题一：在各自创意的基础上，是否有更好的设计方案。

____

____。

问题二：你认为企业在产品创新、营销创新、管理创新上应该怎么做？

____

____。

活动二 参观访问著名企业

（1）指导教师事先联系河北的某知名企业，与其进行沟通，获得企业访问的权利，确定访问的时间。

（2）组织班级学生赴企业参观，出发前进行安全教育，提前让学生制作好访谈提纲。

（3）到达企业后，先跟学生明确访问参观范围，不能干扰企业的正常工作秩序。

（4）参观结束后，每个学生提交一份参观访问报告。

参考文献

[1] 周苏，褚赟．创新创业［M］．北京：清华大学出版社，2017.

[2] 马琳．创新创业［M］．武汉：武汉理工大学出版社，2018.

[3] 王艳茹．创新创业教程［M］．北京：中国铁道出版社，2020.

[4] 钱长松．创新创业指导［M］．济南：山东人民出版社，2020.

[5] 冯江华．创业文化与创业意识［M］．北京：北京交通大学出版社，2020.

[6] 张云华．创新创业基础［M］．上海：上海交通大学出版社，2019.

[7] 宋洋．创新思维［M］．沈阳：东北大学出版社，2019.

[8] 张志．创业创新指导与实训［M］．北京：中国劳动社会保障出版社，2019.